U0907669

360°谈营销

一位营销咨询师20年实战洞察

王清华　古怀亮◎著

企业管理出版社
ENTERPRISE MANAGEMENT PUBLISHING HOUSE

图书在版编目（CIP）数据

360°谈营销：一位营销咨询师20年实战洞察/王清华，古怀亮著．—北京：企业管理出版社，2018.4
ISBN 978-7-5164-1696-9

Ⅰ.①3… Ⅱ.①王… ②古… Ⅲ.①市场营销学 Ⅳ.①F713.50

中国版本图书馆CIP数据核字（2018）第064647号

书　　名：360°谈营销：一位营销咨询师20年实战洞察
作　　者：王清华　古怀亮
责任编辑：张　平　程静涵
书　　号：ISBN 978-7-5164-1696-9
出版发行：企业管理出版社
地　　址：北京市海淀区紫竹院南路17号　邮编：100048
网　　址：http://www.emph.cn
电　　话：编辑部（010）68701638　发行部（010）68701816
电子信箱：qyglcbs@emph.cn
印　　刷：北京宝昌彩色印刷有限公司
经　　销：新华书店
规　　格：140毫米×200毫米　32开本　8印张　147千字
版　　次：2018年4月第1版　2018年4月第1次印刷
定　　价：78.00元

让营销更简单

我的营销生涯是从卖书开始的。读大学时，就开始在学校倒卖各种学生用的小玩意儿：随身听、收音机、英语四级、六级辅导书等。1996 年 9 月，我准备在学校“大干一场”，搞一场图书展销会，东拼西凑了 1 万多元，在北京海淀图书城低价进了一批大学里的畅销书，同时与几个书店联系，赊销一部分书，卖不完的可以退回去，总共价值有 7 万多元的各类图书。正准备在校园里开张时，突然听到一个“噩耗”：学校要迎接国家教委的评选工作，严格禁止在校园及周围摆摊设点销售各种商品，一经发现，全部没收。我当时一下子就懵了：赊销的书可以退回去，购买书籍的 1 万多元对一个学生来说就是一个天文数字，不但以前赚的血本无归，还会负债累累，怎么办？**越是遇到困境的时候，往往越是有出路的时候。**一天晚上，我突发奇想：学校不是要迎接教委的评选工作吗，是否可以把图书展销会搞成迎接教委评选工作的一个活动呢？当时，我兴奋得差点跳了起来。第二天上午就找学校团委书记谈我的想法，学校团委书记很认可，不但同意了这个活动，还说“需要学校什么支持”，当时来不及反应，就说“不需要什么支持，能不能做几条横幅宣传一下”，团委书记立马表示同意。“学校迎评文化周图书展销会”就这样在学校最优位置教学楼门前举行了，原本计划两天，结果搞了一周，获得了比预想更好的效果。在营销中我们会遇到各种各样意想不到的困境与问题，但每一次困境与问题都可能存在机会与出路，问题越大的时候，也是机会越大的时候，没有路的时候，可能会有更好的路。

营销的过程就是一个不断解决问题的过程，营销中存在各种各样的问题，**但营销的首要问题是什么呢？**如果连营销的首要问题都不懂，我们是不可能做好营销的。很多人做了一辈子销售，甚至都没有思考过这个问题。那么，我想告诉大家的是：**“谁是我们的用户，谁不是我们的用户，这个问题是营销的首要问题。”**营销经历了20世纪80年代的“广告为王”，20世纪90年代的“渠道为王”，21世纪初的“终端为王”，到今天的“用户为王”，用户才是营销的归属和终点。用户的本质是什么呢？产品不是产品，感受才是产品，体验才是产品，用户对产品的感受和体验才是产品，**产品不是一个物理概念，而是一个场景概念，**

即“什么人在什么地方购买了什么东西，在什么环境下使用后的感受和体验”，感受和体验是用户的本质。**营销不是研究产品如何卖，而是研究用户如何买**，为什么买，怎么买，在哪里买，买来怎么用，用后有什么感受和体验。**如果用一个字来概括营销，我认为就是“买”这个字了。**

这些年来，学了4年市场营销，做了5年销售、18年营销咨询工作，先后服务过重庆啤酒、燕京啤酒、特变电工、白云电器、鲁西化工、田园化工、铁骑力士、泰昆集团、杰克缝纫机、华强集团等几十家企业，一直保持向客户学习、向市场学习、向竞争对手学习的态度。我一直在想，能不能用更简单的方式来表达对营销的理解，让营销变得更简单，同时触动大家对营销的思考。

这是一本与众不同的营销书，是一本营销散文、是一本营销诗歌、是一本营销杂文。

全书共分为十五个部分：

第一部分主要对营销进行了重新定义，介绍什么是营销、什么是产品、什么是价格等内容。

第二部分主要介绍4P，定位是什么，价格是什么，促销是什么，终端是什么等内容。

第三部分主要介绍什么是用户，什么是消费者，用户的心理与行为。

第四部分主要介绍品牌的定义与品牌的定位。

第五部分主要介绍产品的定义与本质。

第六部分主要介绍传播的方式与技巧。

第七部分主要介绍渠道的结构与方式。

第八部分主要介绍市场的定义与选择。

第九部分主要介绍销售的方法与技巧。

第十部分主要介绍营销管理的方式与方法。

第十一部分主要介绍服务的设计与构成。

第十二部分主要介绍行业的本质与差异。

第十三部分主要介绍典型案例的得失与成败。

第十四部分主要介绍营销的三问、三观、三做等内容。

第十五部分主要对前面部分进行补充和完善。

真心希望我的心得体会能给您带来一些启发与思考，祝您拥有更美好的明天。

市场永远没有迟到者，只有强者

华为轮值 CEO 胡厚崑发表 2018 新年献词中指出，华为 2017 年全年销售收入预计约 6000 亿元人民币，同比增长约 15%。华为（含荣耀）智能手机全年发货 1.53 亿台，全球份额突破 10%，居全球前三，在中国市场保持领先。华为企业业务着力于加速全球企业数字化转型进程，不断强化云计算、企业园区、数据中心、物联网等创新产品和解决方案，并在智慧城市、平安城市及金融、能源、交通、制造等行业得到广泛应用。目前，197 家世界 500 强企业，45 家世界 100 强企业选择华为作为数字化转型的合作伙伴。可以说，华为自 1987 年创业开始，通过 30 年高速发展，在通信领域打败了阿尔卡特、诺基亚、飞利浦、思科、朗讯、北电等百年国际化巨头，成为行业全球“进入无人区”的领先企业。

其实，我们最感兴趣的不是华为今天取得的巨大成就，而是，20 多年前，一无资金、二无核心技术的“小小”华为是怎么发展起来的？一个靠代理中国香港小交换机起家的贸易公司，技术不是华为发展初期的核心竞争力，而营销才是华为早期得以在“巨大中华”竞争中脱颖而出的砝码。“三流的产品，做一流的市场”，这就是华为早期赖以成功的最大法宝——营销。

笔者在咨询实践中发现，很多决策者和管理者认为企业存在诸多问题，如订单不足、业务不足、销售量太小。但是，深入接触与诊断后发现绝大多数企业存在的根本问题就是营销问题：业务量少，业务人员提成少、奖金少，当然留不住；业务不足，生产人员计件收入少，当然留不住；业务不足，生产的变动成本巨大，造成产品单价高，产品没有竞争力。公司销售规模上不去，采购量就小，原材料、包材等采购价格居高不下；销售规模上不去，生产成本、管理费用没法分摊。业务就是这么重要，业务就是企业的“命根子”，除了营销是做创造，是利润，一切皆为费用、为成本。

营销，就是企业的生命线！做公司，好比踢足球，前锋、中场、后卫、门卫都很强大，但是，如果前锋很弱，进球能力不行，这场球最好的结果就是踢平，要想赢，就要求进球比对手多。酒香也怕巷子深，似乎每个人都知道营销很重要，但是，真正掌握与理解营销的本质与精髓又是另一回事儿，不是所有人都能做到的。

华为进入“无人区”、史玉柱破产后的强势翻盘、“走过的路不长草”的董明珠、“改变世界”的马云……都给我们演绎了如何通过营销创造奇迹。发展慢的企业一定是订单不足、业务不足的企业；在竞争中处处被动挨打的企业，一定是营销水平很差的企业；不能赚钱的企业，要么是不会定位，要么是不会定价，要么是不会收款的企业，毛利率很低的企业，一定是不会做品牌的企业。为什么众多企业处于被市场淘汰的边缘？因为投入巨资或在土地，或在厂房，或在设备，或在办公场所等，但是，营销部门组织不健全，职能严重缺失，营销人员少之又少，市场推广费用预算严重不足，品牌宣传费用少得可怜。为什么业务发展慢？因为太多的企业在最不该省钱的地方——营销舍不得花钱，舍不得投入，舍不得招人，结果在市场竞争中受制于人。

以互联网、电商、新零售、新媒体、新场景等新销售业态和新营销方式出现的当下，是我们应该认真重新审视营销本质的时候。知识的扁平化与信息的大爆炸，让我们获取的资讯海量增加；媒体的碎片化使创建品牌难上加难；高房价的上涨，又使得我们焦虑不安，似乎很难静下心来去花大量时间读一本深奥难懂的书。此时，王清华老师的《360°谈营销：一位营销咨询师20年实战洞察》这本书犹如密林丛中洒下的一缕阳光，使我们感到无比温暖，大道至简。

王清华老师，一生的心血都献给了他热爱的事业——营销。营销犹如爱情一样，爱情是一个永恒的主题，人类永远谈不完；营销对一家公司一样，也是一个永恒的主题，需要经营者们用其全部精力与心血去琢磨、去研究。每家公司、每个人对营销都有不同的见解、不同策略、不同打法，最有效的营销策略就是最好的营销策略，我们需要从不同角度去听取。还记得在“2014年南方略咨询公司‘市在人为’案例分享峰会”中，王清华老师讲了一句话，“营销就是做优势”，获得台下一片掌声，相声的掌声大多是“要来的”，但是，王清华老师获得掌声是听众对其知识与智慧光辉的嘉许。

要用大篇幅文字去介绍一个抽象概念很容易，我们最害怕的就是人家要求用一张图，或一张表，或一句话去阐述一个概念，因为对我们的提炼水平与智慧要求非常高。王清华老师就是这样一个人，让我们拭目以待！

营销的魅力是如此巨大，最差的营销策略就是雷同，正如张瑞敏所说“没有成功的企业，只有时代的企业”。因为营销，市场永远没有迟到者，只有强者。碰撞产生火花，分享促进成长，一句话营销，看似简单，却值得我们在实践中不断深深回味、体会。

深圳市咨询专业委员会专家组组长
华友会华为文化研究院副院长
刘祖轲

营销赋之临江仙

滚滚营销风云起
英雄淘尽英雄
是非成败转头空
消费依旧在
几度品牌红

明争暗斗市场上
惯看你起我落
一夜之间江山失
营销多少事
都付厮杀中

王清华
2018 年 2 月

目录

营销是什么

4P 是什么

消费者

品　牌

产　品

传　播

渠　道

市 场

销 售

管 理

服　务

行　业

案　例

三维营销法则

营销杂谈

营销是什么

营销是纵向的

营销是纵向的，营销要做深、做透、做细、做精，要想成为参天大树，不仅取决于高度，还取决于深度。不论是高度还是深度，都是纵向发展的。营销也是如此，站得高，才能看得远，才能把握行业的趋势和发展；做得深，才能站得稳，才能补充市场的能量。

01　产品是纵向的：不断优化和完善产品；

02　市场是纵向的：不断做深、做细市场；

03　渠道是纵向的：不断加强渠道的渗透；

04　需求是纵向的：不断挖掘客户的深度需求；

05　队伍是纵向的：不断提升销售技能与水平。

营销是横向的

营销是纵向的，也是横向的。纵向营销是在某一市场不断做深、做透；而横向营销是跳出界定的某一市场，开创出新市场、新品类、新需求。纵向营销是成熟企业的法宝，成熟企业通过纵向营销，不断建立行业进入壁垒，让新企业在某一市场举步维艰；而横向营销是跳出壁垒，跳出市场的红海，进入新的蓝海市场。

01　重新定义消费需求；

02　重新定义产品价值；

03　重新定义渠道结构；

04　重新定义消费环境；

05　重新定义消费时间；

06　重新定义购买价格；

07　重新定义竞争对手；

08　重新定义产品品类；

09　重新定义市场类别。

营销是立体的

营销是纵向的，也是横向的，更是立体的。立体化的营销既要做营销的深度，更要做营销的宽度。深度满足现在，宽度满足未来。立体化的营销能够从不同角度建立企业的营销竞争优势，既然消费者的需求是立体的，而营销的主要目的就是满足消费者的需求，营销的主要价值就是实现产品的销售和销量。

01　需求是立体的：多种消费需求存在；

02　产品是立体的：细分与品类的创新；

03　价格是立体的：多层次的价格体系；

04　渠道是立体的：多元化的渠道模式；

05　终端是立体的：多类型的终端形态；

06　媒体是立体的：多方位的媒介载体；

07　客户是立体的：多类型的客户圈子。

4P 是什么

定位是什么

定位是在消费者心目中找到独特位置，在竞争对手中找到优势位置，在自身中找到优势位置。

01 定位是人群；
02 定位是差异；
03 定位是第一；
04 定位是独特；
05 定位是简洁；
06 定位是优势；
07 定位是目标；
08 定位是选择；
09 定位是缝隙；
10 定位是比较；
11 定位是属性；
12 定位是价值；
13 定位是利益；
14 定位是细分；
15 定位是放弃；
16 定位是聚焦。

价格是什么

营销的本质是价格，价格创造利润，价格实现价值！

01　价格是档次；

02　价格是定位；

03　价格是价值；

04　价格是策略；

05　价格是利润；

06　价格是分配；

07　价格是结果；

08　价格是人群；

09　价格是渠道；

10　价格是形象；

11　价格是区隔；

12　价格是分类；

13　价格是符号；

14　价格是交易；

15　价格是本质；

16　价格就是消费者要买的一种产品，产品就是厂家要卖的一种价格。

促销是什么

促销、促销，促动销售，促销是产品销售的导火索、引爆器。

01 促销是声音；

02 促销是吸引；

03 促销是尝试；

04 促销是展示；

05 促销是走秀；

06 促销是满足；

07 促销是激励；

08 促销是鼓动；

09 促销是搭配；

10 促销是服务；

11 促销是活动；

12 促销是宣传；

13 促销是试用；

14 促销是派发；

15 促销是折扣；

16 促销是对比；

17 促销是抽奖；

18 促销是累计；

19 促销物超所值；

20 促销加量不加价。

终端是什么

终端精细化！终端精益化！终端网络化！终端就是厂家与消费者的握手！

01 终端是人群；

02 终端是选择；

03 终端是陈列；

04 终端是展示；

05 终端是形象；

06 终端是颜色；

07 终端是声音；

08 终端是数量；

09 终端是数据；

10 终端是分类；

11 终端是信息；

12 终端是成交；

13 终端是维护；

14 终端是记录。

消费者

消费类型

形形色色的消费者

如果营销只能用一个词来定义，那就是消费者。对消费者理解得越深，对营销理解得就越深。我们既要深入研究消费者的行为与习惯，又要洞察消费者的心智与人性；既要观察消费者，又要把自己置身于消费者，对消费者的理解越多，营销的方法也就越多。

01　慢性型：耐心选择的消费者；

02　急性型：容易发脾气的消费者；

03　沉默型：不表露意见的消费者；

04　饶舌型：喜欢多说的消费者；

05　博识型：知识丰富的消费者；

06　专家型：对产品了解的消费者；

07　权威型：自尊心强的消费者；

08　猜疑型：不容易信任人的消费者；

09　优柔型：不容易下决心的消费者；

10 懦弱型：有自卑心理的消费者；

11 主见型：自己做主的消费者；

12 理论型：什么都讲道理的消费者；

13 冷讽型：喜欢讽刺的消费者；

14 土豪型：不在乎钱的消费者；

15 不在乎型：无所谓的消费者。

用户与客户

顾客、消费者、客户是我们对要把东西卖给那些人的称呼，它们的意思差不多，客户的需要就是我们要追求的目标。但是，今天我们不能这样称呼了，该改称呼了，他们只有一个新称呼——用户。用户与客户不一样，与顾客更不一样，与消费者也不一样，用户是一个全新的称呼。

用户与客户、顾客、消费者第一大区别在于：他们不付费也可以使用我们的产品——免费。我们能够提供给他们多少免费的价值和产品，他们用了我们的东西，想付费就付费，不想付费也不可以不付费。

第二大区别在于：他们与我们之间的距离没有了，他们参与我们、他们评价我们、他们诋毁我们、他们传播我们、他们要做我们的事。

第三大区别在于：他们不是他们，他们就是我们，我们一起研发产品、体验产品、改善产品、传播产品、成就产品。

用户与粉丝

用户、用户，一家一户；粉丝、粉丝，丝丝相连。用户思维是分割营销的思维方式，将自己与用户区分开，而粉丝思维是联结思维、情感思维、持续思维，粉丝是超级用户。我们习惯说："我们的用户是谁？他们在想什么？他们在哪里？"

如今，我们应改称呼了："我们的粉丝在哪里？我们的超级用户在哪里？他们的喜怒哀乐是什么？他们的兴趣、爱好是什么？他们关心我们什么？我们在乎他们什么？"

不同的客户定义方式，带给我们的感受不一样，带给我们的营销思路不一样。当我们定义客户为粉丝时，我们发现，我们与客户之间会产生感情，唯有感情是联系人类最重要的手段。不论是什么感情，只要存在过，就始终让我们有连接。当我们定义客户为用户时，我们与客户之间自然而然就产生了距离，只有产品是我们的连接点，一旦产品有瑕疵和不足，这种连接也就荡然无存。

目标客群

找到你的原子人群

中国人口多、区域大，很多企业对未来始终充满了无限的幻想，他们往往按人均来计算自己产品的未来消费量和市场容量，每人消费10元，也有130多亿元。在这种美妙数字的刺激下，很多企业没有经过市场调查就一下子冲进了浩瀚的市场。其实，大人群不是你的人群，大市场不是你的市场，从一开始就要找到自己的原子人群。

01　原子：核弹爆炸的核心微量单位；

02　原子人群：市场核心的一类人；

03　找到原子人群，找到核心人群；

04　建立消费原子能人群，锁定意见消费领袖；

05　引爆人群消费原子核，裂变人群消费数量，分波段扩散裂变消费群体，从一圈到另一圈的消费影响；

06　不要试图一开始把产品卖给所有人，是“打游击”还是“聚点出击”，对产品的发展至关重要。

消费心理

“观察”比“调查”更重要

人们经常以为只要调查了，结论就理直气壮。其实未必，在现实的营销中，很多错误的营销决策就是建立在“科学”的调查基础上。厚厚的调研报告、翔实的数据、坚定的结论，让我们不敢怀疑与质疑。但文字性的东西，始终很难描绘出现实的真实，有些形象和真相，始终只可意会不可言传。一个好的营销者，不但注重调查，更要注重观察。没有建立在观察基础之上的调查都是瞎说、都是“忽悠”，观察比调查更重要。

01　观察不同产品的陈列位；

02　观察消费者的购买表情；

03　观察消费者的购买品种；

04　观察消费者的购买品牌；

05　观察消费者的购买数量；

06　观察消费者的购买组合；

07　观察消费者的购买时间；

08　观察消费者的购买语言；

09　观察消费者的购买心理；

10　观察消费者的购买用途；

11　观察消费者的消费场景；

12　观察消费者的消费体验。

“买”字了得

如果非要用一个字来概括营销，那就是“买”字。只有消费者买了，营销的所有活动才有价值。要实现消费者的“买”字，就要围绕消费者深入思考买的一切。

01　为什么买？

02　买什么？

03　如何买？

04　买多少？

05　哪里买？

06　什么时候买？

07　什么情景买？

08　什么心情买？

09　买的动机是什么？

10　买的目的是什么？

11　买的用途是什么？

12　买的前提是什么？

13　买了感受如何？

倾听顾客的声音

客户、消费者、顾客、用户是一个大课题，对顾客理解得越多，营销就越容易。对顾客的研究没有止境，只有站在顾客的角度思考产品，只有站在顾客的立场研究营销，我们才能找到正确的营销出路和方向，多分析顾客，多倾听他们的声音。

01　他们口头在表达什么？

02　他们心里在说什么？

03　他们的言行举止是什么？

04　他们的神情态度是什么？

05　他们的工作是什么？

06　他们的家庭是什么？

07　他们的休闲选择是什么？

08　他们的想法是什么？

09　他们的价值观是什么？

10　他们的行为方式是什么？

11　他们的购买方式是什么？

12 他们的消费方式是什么?

13 他们的消费场景是什么?

14 他们的压力是什么?

15 他们的动力是什么?

16 让他们高兴的是什么?

17 他们为什么需要?

消费者看重什么

要把产品卖给消费者，就必须了解消费者在想什么、消费者最看重什么。不同的消费者想的、看的都不一样，从基本面到个性面，了解消费者的基本面，灵活解决消费者的个性面，实现产品销售最大化。

01 为什么要注意到你：产品广告；

02 这是什么：产品品类；

03 有什么好处：产品利益；

04 为什么要买：产品价值；

05 买后的感受是什么：产品品牌；

06 为什么从这里买：产品渠道；

07 在什么时候买：产品情景。

用户的距离

离用户越近，离销量越近；离用户越远，离销量越远。

01 感受离用户要近：时刻把握用户的需求；

02 产品离用户要近：透彻了解用户的产品感受；

03 购买离用户要近：最便捷的购买方式；

04 决策离用户要近：从用户需求中做决策；

05 研发离用户要近：用户提出产品建议；

06 价格离用户要近：用户愿意付出的成本；

07 推广离用户要近：用户喜欢的实惠。

消费者心理

营销是建立在消费者的基础上的，对消费者内心的分类与洞察是营销永远做不完的工作。

心随着时代、环境的变化而不断发生变化，随着认识、价值的变化而不断升华。我们不但要以消费者为中心，还要以消费者的心为核心。

01 从众心理；

02 实惠心理；

03 面子心理；

04 价值心理；

05 权威心理；

06 便宜心理；

07 价位心理；

08 炫耀心理；

09 攀比心理；

10 怀疑心理；

11 冲动心理；

12 求新心理；

13 求异心理。

需求痛点

需求是什么

消费者需求是销售的原点，满足需求，创造需求。

01 需求是物质；

02 需求是功能；

03 需求是用途；

04 需求是满足；

05 需求是炫耀；

06 需求是安全；

07 需求是价值；

08 需求是成就；

09 需求是服务；

10 需求是感受；

11 需求是态度。

重新认识需求

营销就是满足消费者需求的过程，在产品日益多元化和成熟化的时代，消费者的需求也在发生着微妙的变化。过去的需求研究消费者要什么，现在的需求研究满足消费者需求过程中的不舒适——痛点。

传统营销中，企业对消费者的抱怨、投诉、不满、愤怒、不快等因素担惊受怕，极具挫败感。而在互联网营销时代，企业对这些因素充满了极大的热情，这些因素成为企业的创新点和机会点。他们不再害怕消费者对产品和服务提出的各种意见，而是邀请他们进入产品设计、产品研发的中心，消费者贯穿了整个价值链过程。

在消费者的主权时代，消费者的积极性和主动性在整个价值链环节中发挥重要作用，消费者会把自己的不满变为解决问题的方法和方式。

01　痛点——消费者的不满；

02　痛点产生需求；

03　需求提炼最终需求；

04 最终需求构思产品与服务；

05 消费者参与产品与服务的设计；

06 产品与服务的内部圈子测试；

07 产品与服务的完善；

08 由痛点设计出的成熟产品与服务。

痛点与需求

客户痛点是问题，客户需求是解决问题，痛点在前，需求在后。在现实营销中，我们往往喜欢围绕客户需求解决问题，而忽略了客户痛点，即客户存在的问题。客户只有在存在问题后才会产生需求，围绕需求产生的营销，是已经存在的营销，是同类竞争的营销，而围绕痛点设计的营销，是开创新机会的营销，是开发新市场的营销，是突破颠覆的营销。

围绕需求，是就现有范围解决现有问题；围绕痛点，是超越现有范围，创新需求，创造新的蓝海市场。客户需求是客户显性需求，客户特点是客户潜在需求，客户痛点是问题点、机会点、价值点、突破点。

01　客户的抱怨；
02　客户的排斥；
03　客户的投诉；
04　客户的痛苦；
05　客户的习惯；
06　客户的勉强；
07　客户使用不便；
08　客户时间消耗；
09　客户消费场景不舒适。

客户的价值需求

客户选择或购买某种商品，是基于产品或品牌能够满足客户的价值需求。不论什么样的产品，都在不同程度上为客户提供了价值，客户不会随便选择某种产品，而是在选择这种产品之前，在大脑中进行综合性的化学反应和评估而做出决策，最终购买这个产品。以下是客户大脑中的各种“化学反应剂”。

01 急需；
02 功能；
03 价格；
04 便利；
05 包装；
06 品牌；
07 炫耀；
08 孝心；
09 满足；
10 氛围；
11 匹配；
12 好奇；
13 品位；
14 感受；
15 体验；
16 情感。

品　牌

品牌定义

品牌是什么

打造品牌之所以难，是因为好品牌有21个要素。这21个要素既复杂又简单，环环相扣，成就卓越品牌。

01 品牌是一个好名字；
02 品牌是一个好标志；
03 品牌是一个好颜色；
04 品牌是一个好色系；
05 品牌是一个好包装；
06 品牌是一个好形象；
07 品牌是一个好价格；
08 品牌是一个好卖点；
09 品牌是一个好广告；
10 品牌是一个好陈列；
11 品牌是一个好渠道；
12 品牌是一个好终端；
13 品牌是一个好定位；
14 品牌是一个好文化；
15 品牌是一个好价值；
16 品牌是一个好模式；
17 品牌是一种好行为；
18 品牌是一种好体验；
19 品牌是一种安全；
20 品牌是一种信任；
21 品牌是一种成就。

品牌与产品的八大区别

品牌是化学反应，产品是物理反应。通过产品打造品牌，通过品牌带动产品，双方结合、内外兼修，打造伟大的品牌和伟大的产品。

01　产品是具体的，品牌是感受的；

02　产品满足生理，品牌满足心理；

03　产品是厂家的，品牌是顾客的；

04　产品是局部的，品牌是综合的；

05　产品是阶段性的，品牌是持续性的；

06　产品是价值转移，品牌是情感联系；

07　产品是品牌的载体，品牌是产品的光环；

08　产品提供有形价值，品牌提供无形资产。

品牌的个性关键词

品牌如人，人不同，性格不一样，品牌亦然。有生命力的品牌都有自己的个性风格，以下是最受欢迎的24个品牌个性关键词：

01 实际；
02 勇敢；
03 聪明；
04 上等；
05 喜爱户外活动；
06 拘束；
07 简单；
08 流行；
09 魅力；
10 稳重；
11 健康；
12 诚实；
13 迷人；
14 坚韧；
15 和善；
16 精力充沛；
17 领导风范；
18 粗犷；
19 无忧无虑；
20 强壮；
21 体贴；
22 越来越受欢迎；
23 高性能；
24 物超所值。

品牌的九种行为

品牌行为是将品牌的无形融入有形的营销环节过程中，融入营销人员的言行中，融入企业的决策中，是品牌落地的动作设计，是打造品牌营销人员的指导手册与行为标准，是把品牌作为营销的一种手段、工具、方法、动作。

01　销售人员的装备是品牌行为；

02　销售人员的言行是品牌行为；

03　销售人员的态度是品牌行为；

04　基层人员的风貌是品牌行为；

05　公司的政策是品牌行为；

06　产品的价格是品牌行为；

07　公司的流程是品牌行为；

08　公司的文化是品牌行为；

09　员工的学习是品牌行为。

品牌价值

品牌核心价值的七性

品牌核心价值是品牌存在的理由，是品牌的灵魂和基因，是顾客购买的精神需求。要充分挖掘、提炼品牌的核心价值，赋予品牌生命力，打动顾客，才能实现品牌的腾飞。品牌的核心价值应与其行业、客户、竞争、自我相匹配，合情合理又怦然心动。

01 真实性；

02 合理性；

03 需求性；

04 包容性；

05 竞争性；

06 沟通性；

07 持久性。

品牌塑造

品牌定位的二十一种方法

要么第一，要么唯一。如何抢占消费者认知，如何在消费者心目中占据独特位置，品牌定位有方法。品牌定位要遵循三原则，简单、简单、简单。

01 消费者定位；
02 品质定位；
03 情感定位；
04 企业理念定位；
05 功效定位；
06 首席定位；
07 物有所值定位；
08 生活方式定位；
09 类别定位；
10 档次定位；
11 文化定位；
12 对比定位；
13 概念定位；
14 历史定位；
15 生活价值定位；
16 比附定位；
17 自然环保定位；
18 情景定位；
19 叛逆定位；
20 反传统反价值定位；
21 唯一性定位。

快速打造品牌的十一种方法

品牌建设非一朝一夕，但在打造品牌的过程中，需要有推力、亮点来爆发品牌的快速成长和突破。

01 “傍大款”；
02 做样板；
03 塑形象；
04 建口碑；
05 讲故事；
06 树专家；
07 推技术；
08 定标准；
09 展文化；
10 说质量；
11 拼服务。

非广告的品牌塑造之道

品牌的价值在于超越产品价值本身，为产品带来溢价收入，从而实现企业的利润目标。打造品牌，已经成为每一个企业追求的梦想。但在今天的市场环境中，品牌的打造变得越来越艰难。随着日益成熟的品牌对市场的侵占，新品牌的崛起需要更多的时间与耐心，需要有效的途径与方法，方能在日益成熟的消费者心目中，逐步建立品牌形象。

01 好名字塑造品牌；

02 好形象塑造品牌；

03 好产品塑造品牌；

04 好员工塑造品牌；

05 好渠道塑造品牌；

06 好服务塑造品牌；

07 好故事塑造品牌；

08 好文化塑造品牌。

十五种品牌命名方法

一个好的品牌名称价值千金。品牌命名应结合行业属性、产品属性、顾客属性、消费时尚等综合要素来命名。

01 产地命名：茅台；

02 姓氏命名：福特、周大福；

03 植物命名：芙蓉王；

04 动物命名：宝马；

05 气候命名：长虹；

06 功效命名：飘柔；

07 情感命名：美的；

08 价值命名：自然美；

09 地位命名：林肯；

10 英文命名：GE；

11 数字命名：555；

12 贬低命名：菜鸟；

13 典故命名：阿里巴巴；

14 文化命名：百度；

15 跳跃创新命名：海尔。

品牌诊断

细节破坏你的品牌

建品牌难，损品牌易，企业或产品的品牌往往被我们不重视、不关心、不在意、不经意的一些细节给破坏了。例如：

01　门卫的态度；

02　墙角的灰尘；

03　员工的言行；

04　压货式的促销；

05　经销商的重心；

06　零售商的服务；

07　包装的不规范；

08　产品的小瑕疵；

09　投诉电话的处理；

10　一次小的价格调整。

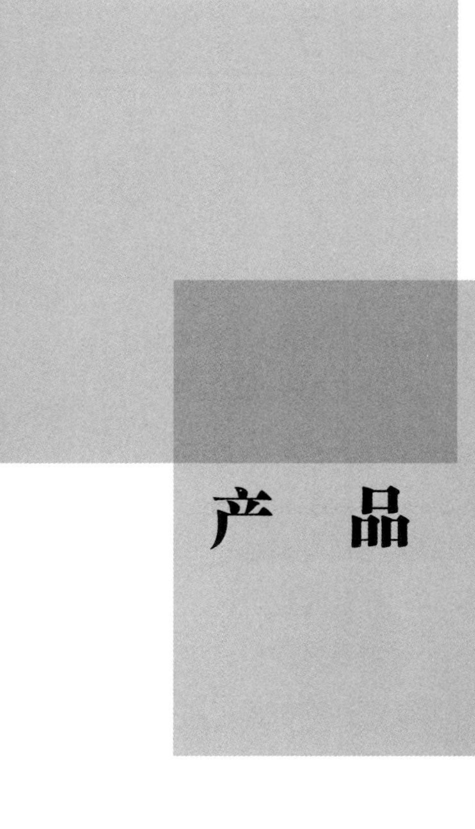

产　　品

产品定义

产品是什么

产品为王！产品为基！产品是所有营销元素的载体！

01　产品是需求；
02　产品是功能；
03　产品是包装；
04　产品是形象；
05　产品是颜色；
06　产品是规格；
07　产品是品类；
08　产品是价值；
09　产品是卖点；
10　产品是比较；
11　产品是陈列；
12　产品是服务；
13　产品是满足；
14　产品是组合；
15　产品是定位；
16　产品是聚焦；
17　产品是单品。

从产品定义到产品定位

很多做营销的人，一开始就搞定位，连产品定义都没搞清楚的产品定位，实则本末倒置、不懂装懂，看上去很热闹，结果却差强人意。产品定义比产品定位更重要，没有产品定义，就无法产品定位。产品定位之前，先想好你的产品定义。产品定义在前，产品定位在后，产品定义是要看清楚自己，产品定位是要看透消费者。

01　产品是什么？

02　产品到底是什么？

03　这是什么类型的产品？

04　这是什么类别的产品？

05　这是什么品类的产品？

06　这是什么属性的产品？

07　这是什么形态的产品？

08　这是什么功能的产品？

09　这是什么需求的产品？

产品的时空

什么是产品？从物理层面来讲，就是组成产品的各种要素；从消费层面来讲，就是满足消费者的需求。如果这样理解，你的产品多半成不了商品，大多数人对产品的理解还是一个单纯的功能层面的理解，单纯的功能层面的产品定义无法实现产品的空间转换。对于营销者来说，产品是有时空性立体概念的。产品不能从“点”上来定义，产品要从时空上来定义，这样你的产品才是完整的产品，你的产品才可能是消费者购买的产品。

01　产品的客户是谁？

02　在什么场景消费？

03　在什么时间消费？

04　用什么方式消费？

05　什么需求消费？

06　什么心情消费？

07　消费之后的感受？

产品体验

用户的产品体验

用户为王的时代已经来临，终端为王已经过时，越来越不适用新时代的营销。终端为王的本质在于抢占终端，而用户为王的本质在于用户体验；终端为王在于资源的拼杀，而用户为王在于人心的争夺。用户体验是争夺人心最有力的法宝，不论是何种类型的企业，强化用户体验是获取市场竞争的核心手段。

01　产品的娱乐性；
02　产品的细节性；
03　产品的关怀性；
04　产品的美观性；
05　产品的情感性；
06　产品的互动性；
07　产品的参与性；
08　产品的主导性；
09　产品的专属性。

为产品注入感情

产品，因为感情大不同。产品有了感情，就与人产生依赖，产品有了感情，产品就活了。再强的功能性产品，也有丧失功能的一天。只有功能，没有感情的产品，消费者终有厌倦的时候。如何为产品注入感情，增加用户体验呢？

01　人性化的功能；

02　人性化的设计；

03　人性化的语言；

04　人性化的公益；

05　人性化的活动；

06　人性化的细节；

07　人性化的参与；

08　人性化的互动；

09　人性化的体验；

10　人性化的形象。

用自己的产品

俗话说：夫妻，因为不了解而结婚，因为了解而离婚。营销似乎也摆脱不了这个规律和宿命。很多企业的员工都不敢用自己的产品，因为他们太了解自己的产品，他们和自己的产品“离了婚”，还天天想着自己的产品和消费者“去结婚”，这个想法确实不好。特别是一些食品企业、饮品企业、餐饮企业、农产品企业，企业自己太了解产品的原料、产品的加工、产品的卫生、产品的质量……因此，他们不敢吃自己的产品、喝自己的产品、用自己的产品。

在产品为王、产品为基、产品为核的新营销时代，如果你不敢用自己的产品，也许在一定时间内，你的产品会被一些消费者所接受，但最终你的产品不可能在市场立足，因为你自己都不敢用。要敢于用自己的产品，不管它怎么样，只要你敢用，终有一天，消费者就会用。只有你敢用，你才能发现产品的优点和缺点；只有你敢用，才会有动力提高和改善你的产品；只有你敢用，才会生产消费者喜欢的产品。

产品设计

新品创新的九大方法

市场不断发展，消费者不断成熟，竞争不断加剧，产品不断革新，消费者始终都是喜新厌旧的，不断进行产品的升级和创新，是保持企业生命力的法宝。所有的创新都是旧元素新组合，所有的创新都是建立在过去的基础之上。

组合法：A + B = C，在 A 产品的基础上加入 B 类产品，成为品类创新的新品，如在牛奶中加入水果，开创了果奶的新市场。

反向法：你往东，我往西，你向左，我向右。

替代法：用一种原料替代原有原料，用一种功能替代原有功能，用一种方法替代原有方法，手机替代了 BB 机、DVD 替代了 VCD。

去除法：把原先复杂不必要的功能去掉，只留下最核心的功能和用途，如老人手机去掉了大量的无用程序和功能。

升级法：采用更好的原料和方法，使产品功能、品质更上一层楼，如汰渍洗衣粉不断进行产品的升级换代，确保产品的常青。

换序法：改变产品的使用顺序，创新新商业模式，如信用卡先消费后支付、数码相机先看照片后洗照片。

焦点法：将不同的事物集中在某一种事物或产品上的方法称为焦点法，集合几种或多种产品的功能，开发出一种新品类别。

辐射法：将一种产品的核心功能加入不同的元素，形成多种新品的方法，辐射法开发酒产品，如白酒、果酒、红酒等。

改头换面法：也许什么都没变，就是包装变了，或者口号变了，如可口可乐，核心产品上百年没变，但产品形象始终在变。

消费者的产品立体需求

消费者不是简单地买一个产品，也不是简单地买一种功能，消费者对一种商品的需求存在多元化、立体化的需求要素。这些要素的综合成本和综合优势，决定了消费者是选择这个产品还是那个产品。消费者的需求是生理需求和心理需求的复合体，满足消费者的立体复合需求的商品，从产品时空上定义消费者的产品需求。

01　功能要素；
02　外观要素；
03　价格要素；
04　便利要素；
05　体验要素；
06　情感要素。

产品的情感设计

绝世武功无一日之功，营销制胜非一步到位，从僵化的产品到具有情感的商品，需要不断地对产品注入情感，赋予产品生命力。只生产没有情感的产品，从一开始就注定生命力缺乏；赋予产品情感、精神、灵魂，产品就具有生命力和价值力，产品就生动活泼。如何实现产品的生命化？如何实现产品的人格化？

01　洞察消费者内心；
02　观察消费者行为；
03　不断完善产品；
04　强化关键细节；
05　与消费者互动；
06　消费者参与设计；
07　公司全员投入；
08　赋予人格化特质；
09　引发消费共鸣。

共性与个性

共性：相同的属性；

个性：不同的内涵或外延。

在产品同质化、渠道同质化、价格同质化的时代，营销人苦苦地追求产品的个性化、渠道的个性化、市场的个性化，变本加厉地把个性化发展成差异化，成为市场营销的主导思想和指导思想。不断地研发差异化产品、差异化销售方式、差异化渠道模式，乐此不疲地投入大量的物力、财力、人力，人们在个性的道路上越来越执着，导致离共性越来越远。营销到底是要共性还是要个性，这是一个需要思考的问题。

事实上，没有建立在共性基础上的个性是走不通的。没有建立在共性基础上的差异化是自娱自乐、自欺欺人。共性才是大众需求，共性才能产生大量销售，越是个性的需求，越是短暂的需求。

产品陷阱

产品生命的陷阱

产品有生命，产品也就有生命周期，人们时常把产品的生命周期分为：进入期、成长期、成熟期、衰退期。大多数营销者都按照这四步法则按部就班地营销。现实中，95%的新品无法按照这条道路前行，往往“牺牲”在进入期，无法逾越从进入期到成长期这座高高的“大山”。

如何让产品从进入期跨入成长期，是几乎所有新品要解决和面临的产品生命的陷阱——产品第五生命期。突破产品第五生命周期，才能实现产品的健康成长。

01 找到第一人群；

02 突破第一人群障碍；

03 促发第一人群持续消费；

04 打造标志产品；

05 塑造标志价格；

06 拉动第二人群；

07 营造区域销售氛围。

缺陷越大，价值越大

没有任何一款产品能够满足所有消费者的需求；没有任何一款产品能够满足消费者的所有需求。大多数失败的营销者都想把产品做得十全十美，都想占据所有的消费群体，就像有人说过："如果每个中国人都买一个自己的产品，即使1元，也有13亿多元。"有的认为自己的产品价格高了，就降价；有的认为自己的产品功能少了，就增加功能；有的认为自己的产品终端少了，就什么终端都要进；有的认为自己的产品形象差了，就升级包装产品。总想做一款满足消费者所有需求的产品，总想做一款没有批评声音的产品，听不得别人对自己的产品半点缺陷，容不得产品的一丝瑕疵。

缺陷越大的产品，价值就越大。比如，劳斯莱斯的缺陷就是价格太高了，如果价格低，每人都能买一辆。

缺陷越小的产品，价值就越低。比如空气，就没有缺陷，如果你认为它有缺陷，就不用了，那你就不能存活了。满足所有消费者的需求，每个人就不需要花钱，随时都在享用。

产品定价

定价的十五种方法

价格体现价值，价格贡献利润。

01 顾客定价法；
02 竞争定价法；
03 成本定价法；
04 折扣定价法；
05 缺口定价法；
06 最高定价法；
07 高质高价法；
08 高质中价法；
09 高质低价法；
10 中质高价法；
11 中质中价法；
12 中质低价法；
13 低质高价法；
14 低质中价法；
15 低质高价法。

价格有价，价值无价

卖价值不卖价格，再便宜的价格消费者也嫌贵，再贵的价值消费者也认为物有所值。在消费者没有认同价值之前，价格与消费者没有关系，不论高低。

01　卖包装价值；
02　卖形象价值；
03　卖定位价值；
04　卖场所价值；
05　卖情感价值；
06　卖身份价值；
07　卖体验价值；
08　卖精神价值；
09　卖文化价值；
10　卖品牌价值。

定价的误区

定价是营销永恒的主题，定价在营销中最简单又最难。定得高，卖不动；定得低，不划算。简单的一个数字，却受到消费者、竞争者、自身特点等要素的影响。在实际营销过程中，“拍脑袋定价”的案例不胜枚举。由于企业及营销者对定价的轻视而导致产品滞销和企业亏损，甚至倒闭的例子数不胜数。

01　渠道利润越多越好；

02　终端价格越低越好；

03　标价数字越小越好；

04　毛利空间越大越好；

05　成本定价越低越好；

06　竞争定价越近越好。

传　播

传播策略

传播的十五大策略路径

传播要直达消费者内心，激发消费者的购买冲动和欲望。

01　挖掘痛点，直达内心；

02　价值承诺，购买无忧；

03　分类分级，开创类别；

04　树立对手，取而代之；

05　情景假想，身临其境；

06　挑战传统，反道行之；

07　消除内疚，达成购买；

08　展示个性，彰显身份；

09　对比法则，印象深刻；

10　明星法则，引领时尚；

11　专家法则，建立权威；

12 小孩法则，获取爱心；

13 动物法则，唤起同情；

14 一点法则，只讲差异；

15 多点法则，系统解决。

媒体组合

全媒体时代的优先组合

酒香也怕巷子深，在今天的信息化时代，各种新媒体日新月异，消费者接收信息的渠道越来越多元化。不同的群体形成不同的媒体圈，费用高的媒体不一定是效果好的媒体，费用低的媒体不一定是效果差的媒体，紧贴消费者的圈子进行媒体的优化组合，实现媒体价值的最大化。

根据消费者的生活圈、工作圈、休闲圈、自我圈进行媒体的优化组合，达到信息沟通交流的最佳效果。

01 电视；
02 报纸；
03 杂志；
04 直邮；
05 T牌；
06 路牌；
07 车身；
08 站台；
09 电梯；
10 海报；
11 单页；
12 展台；
13 终端；
14 现场；

15　短信；
16　电话；
17　网站；
18　微博；
19　微信；
20　搜索；
21　人员。

广告宣传

好电视广告的十五大标准

一个好的电视广告，一是让消费者愿意看；二是让消费者有印象；三是让消费者有购买的冲动；四是让消费者在终端购买。广告力最重要的是销售力，而不是形象力，只有有销售力的广告才是好广告。在电视广告设计中尤其要注意以下几点：

01　产品是核心；

02　名称多重复；

03　语言要简洁；

04　短句容易记；

05　口语易传播；

06　对称更深刻；

07　情节要戏剧；

08　幽默受欢迎；

09　情感易动心；

10 动物惹人爱；

11 植物招人看；

12 小孩都喜欢；

13 家庭和乐乐；

14 背景要清爽；

15 结尾动人心。

平面设计

平面广告的七大标准

平面广告广泛用于报纸、杂志、网络、户外等，是营销的主要传播手段之一。平面广告不但要求设计能力，而且要求文案能力和创新能力。一个好的平面广告，能够让消费者把广告内容看完，同时产生购买的冲动与欲望，有销售力的广告才是好广告。

01　标题要醒目，一句说清楚；

02　构图要留白，主次才分明；

03　整体有亮点，一眼就抓住；

04　文案要简练，语句不要多；

05　多用短句话，少用长句言；

06　产品是重点，呈现要巧妙；

07　色彩排第一，印象是关键。

海报设计的十二种方法

海报是宣传产品、宣传品牌的重要载体，吸引人的海报，能够让消费者多停 5 秒观看。

01　陪衬法；
02　情节法；
03　细节法；
04　反常法；
05　比较法；
06　联想法；
07　组合法；
08　幽默法；
09　比喻法；
10　夸张法；
11　连续法；
12　特技法。

渠　道

渠道模式

渠道是什么

渠道为王！决胜终端！渠道分主次！渠道分阶段！渠道定江山！渠道就是一张网，有主干，也有枝叶，主干不强，枝叶不茂，解决好主干问题，是渠道的核心问题。什么样的产品，选择什么样的渠道；什么样的渠道，决定什么样的产品。

01 渠道是路径；
02 渠道是政策；
03 渠道是陈列；
04 渠道是形象；
05 渠道是选择；
06 渠道是模式；
07 渠道是客户；
08 渠道是定位；
09 渠道是人群；
10 渠道是分配；
11 渠道是推力；
12 渠道是管理；
13 渠道是开发；
14 渠道是维护；
15 渠道是关系；
16 渠道是资源。

十六种渠道模式

什么样的渠道卖什么样的产品，渠道选择不精准，再好的产品也卖不好。渠道多种多样，建立主力主流渠道，实现市场逐步突破。渠道的建立方法也多种多样，通常有以下十六种模式：

01 代理模式；
02 经销模式；
03 直营模式；
04 终端模式；
05 连锁模式；
06 股份模式；
07 会员模式；
08 人海模式；
09 团购模式；
10 会议模式；
11 大客户模式；
12 网上销售模式；
13 OTO 模式；
14 传统流通模式；
15 现代商超模式；
16 复合模式。

渠道评估

经销商的能力评估体系

经销商强，则公司强；经销商赢，则公司赢。经销商是企业营销的腰部力量，要想体力好，首先必须要保护好腰部。建立经销商评估系统，强化经销商能力提升管理，实现公司业绩突破。

01 经销商资金实力；
02 经销商费用率；
03 经销商利润率；
04 经销商周转率；
05 经销商产品组合；
06 经销商终端数量；
07 经销商市场占有率；
08 经销商铺货能力；
09 经销商收款能力；
10 经销商客户关系；
11 经销商价格体系；
12 经销商政策执行力；
13 经销商员工流失率；
14 经销商投诉率；
15 经销商学习力；
16 经销商管理力。

经销商的九大核心经营能力

环境在变化、市场在变化、终端在变化、消费者在变化，在变化的市场竞争环境中，经销商也应不断地适应变化。传统的经销商经营思路，在今天的市场中，已经举步维艰。在新的竞争环境下，经销商应具备以下九大核心经营能力：

01 营销思维能力；

02 价格制定能力；

03 产品组合能力；

04 终端开发能力；

05 终端维护能力；

06 厂商合作能力；

07 团队发展能力；

08 市场服务能力；

09 公司经营能力。

渠道开发

招商的十五种方式

招商是营销的第二步，只有拥有一批“特别能战斗”的经销商合作伙伴，才能够实现产品与市场的对接。

01 活动招商；
02 走访招商；
03 以商招商；
04 展会招商；
05 会议招商；
06 拆迁招商；
07 专家招商；
08 全员招商；
09 服务招商；
10 效益招商；
11 管理招商；
12 广告招商；
13 驻点招商；
14 网络招商；
15 优惠政策。

经销商的十五项发展定律

01　经销商发展的主要陷阱是“创办人陷阱”；

02　不亲力亲为，经销商做不好；事必躬亲，经销商做不大；

03　小经销商，规范管理会增加成本；大经销商，不规范管理会增加风险；

04　经销商能管多少人，就能做多大的生意；

05　产品有升值空间，经销商才有操作空间；

06　总是做不大的经销商有标准脸谱，客户只认经理不认员工；

07　生意型的经销商规模有极限，企业家型的经销商规模没有极限，经销商做到一定的规模如果不转型，就会遭遇“天花板”；

08　生意型的经销商重结果，企业家型的经销商重过程；

09　生意型的经销商想“能人”又怕“能人”，企业家型的经销商能用“能人”也能用普通人；

10　生意型的经销商相信忠实可靠的人，企业家型的经销商相信制度的力量；

11　家族企业不可怕，可怕的是家族管理；

12　亲属可能是最可靠的人，但没有能力就是最可怕的人；

13　经销商脱胎换骨通常从辞退自己亲人开始；

14　经销商的成长就是一个不断“过坎”的过程——类似“蛇蜕皮”；

15　方向决定未来，模式决定成败。

渠道管理

渠道管理管什么

渠道管理是营销管理的核心工作之一，营销不仅是厂家间的竞争，更是渠道间的竞争、经销商间的竞争，渠道管理得好、经营得好，厂家就好。

01 管布局；
02 管数量；
03 管结构；
04 管产品；
05 管价格；
06 管执行；
07 管活动；
08 管政策；
09 管库存；
10 管陈列；
11 管服务；
12 管心态；
13 管行为。

渠道的“七流”管理

渠道就是血管，只有流动的血管才有生命，加强渠道的“七流”管理，提升渠道的活力和竞争力。

01　物流；

02　资金流；

03　人流；

04　信息流；

05　利益流；

06　价格流；

07　情感流。

厂商关系

厂商关系九条定律

01　合作之源是共同利益，合作之本是共同理念；

02　没有厂家的支持，经销商难以做起来，做不起来，厂家更不支持；

03　厂家最感兴趣的不是大经销商，而是有潜力的经销商；

04　大企业做小经销商，小企业找大经销商；

05　每当厂家拜访经销商时，经销商都要本能地思考：如果不能与厂家成为一个战壕里的战友，就必然会成为对手；

06　与优秀厂家打交道难，与平庸的厂家打交道容易；

07　优秀的厂家是经销商的“导师”，做优秀企业的产品，就能成为优秀的经销商；

08　要真正获得厂家的长期支持，一定要树立“良民”形象；

09　只要经销商愿意出 20% 的钱活跃市场，厂家就愿意出 80% 的钱。

厂商协同一体化

厂商协同销售越来越成为厂家对渠道、终端、客户、市场建立更密切关系的营销趋势。通过厂商协同，强化公司对市场控制与管理，强化公司执行与效率。

01　目标计划协同一体化；

02　营销策略协同一体化；

03　营销政策协同一体化；

04　价格体系协同一体化；

05　区域布局协同一体化；

06　终端维护协同一体化；

07　人员管理协同一体化；

08　售后服务协同一体化；

09　信息反馈协同一体化；

10　市场维护协同一体化；

11　沟通关系协同一体化；

12　支持体系协同一体化。

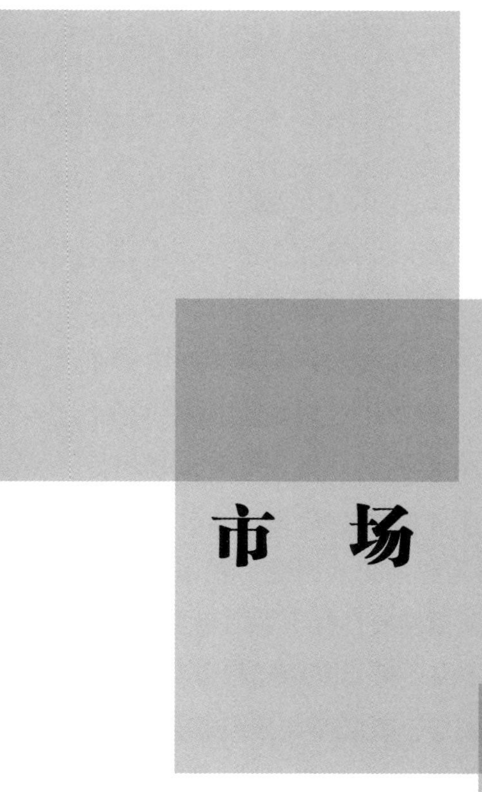

市　场

市场分级

分类分级做市场

中国市场有三大：面积大、容量大、差异大；中国市场有三多：人口多、城镇多、消费层次多。相对来讲，小市场好做，大市场不好做；乡镇市场好做，城市市场不好做；发达市场好做，落后市场不好做。选择进入什么样的市场，也基本决定了企业的营销结果。因此，对市场更清晰地划分和界定，对企业的营销发展具有重要的意义。

01　超级市场：北京、上海、广州（国际都市）；

02　一级市场：杭州、成都、南京等（一级省会）；

03　二级市场：西安、重庆、南宁等（二级省会）；

04　三级市场：温州、东莞、宁波等（一级地市）；

05　四级市场：绵阳、金华、潮州等（二级地市）；

06　五级市场：达州、延安、韶关等（三级地市）；

07　六级市场：发达地区乡镇；

08　七级市场：非发达地区的县城；

09　八级市场：中等发达地区乡镇；

10　九级市场：落后地区乡镇。

市场选择

如何选择根据地市场

根据地市场又称为核心市场、基地市场，是新品要建立的第一个重要市场，是公司未来销量贡献最大、市场占有率高、市场最稳固的市场。建立根据地市场，有利于稳定公司销量，稳定公司营销信心，从无到有地打造根据地市场，实现公司销售业绩的保障。

01 企业所在地市场；

02 消费潜力大的市场；

03 人口规模适中的市场；

04 能够做到区域第一的市场；

05 经销商能配合的市场；

06 经销商有能力的市场；

07 具有代表性的市场；

08 能建立复制模式的市场。

最有效的市场进入法则——ARS 区域市场第一战略

市场不在多，在于精；市场不在大，在于深。巨人网络史玉柱总结了“试销市场快不得，全国市场慢不得”的市场进入法则。对于新品、新企业、新品牌来说，市场的进入法则基本上决定了企业能否成功的关键。

ARS 战略是将资源聚焦在某一个点，力争在某个点上取得最大突破的营销战略，以点带线、以线带面、以面带全。

01　自身优势分析；

02　目标市场分析；

03　选择目标市场；

04　再选择聚焦市场；

05　选择核心渠道；

06　资源聚焦；

07　局部第一；

08　总结模式；

09　滚动发展；

10　区域第一；

11　全局第一。

市场操作

根据地市场的操作方法

根据地市场是公司的战略市场、先行市场、试销市场。

01 定目标；
02 定定位；
03 定策略；
04 定模式；
05 定产品；
06 定价格；
07 定渠道；
08 定推广；
09 定促销；
10 定人员；
11 定政策；
12 定方法；
13 定资源；
14 定时间。

终端精益化营销操作法

决胜两端，输赢在开端，结果在终端。

开端是营销策略，终端是营销执行；开端是基础，终端是保证。一头一尾确保了营销的效果。做好终端的工作，则能够确保公司营销从结果上做正确。下面，我们主要探讨如何做好终端的营销工作。终端营销经过 10 多年的发展，已经由过去的粗放式经营发展到今天的精益化营销，从“放羊式”管理进化到“种地式”精耕。

过程流程化：终端营销分为以下八个步骤确保营销执行的标准化和一致性。

01　做准备；
02　打招呼；
03　做陈列；
04　生动化；
05　查库存；
06　下订单；
07　说再见；
08　做总结。

动作标准化：动作的标准化从两个维度来建设：

01　公司提供的销售工具和销售方法的标准化；

02　销售行为过程的标准化。

时间固定化：将业务员在每个终端的销售时间进行测量，分解每个销售动作需要花费的时间，确保销售动作的完成及整体销售任务和目标的达成。

管理表格化：对终端销售实现表格化的管理，能够提升终端的管理效率和销售效率。南方略在终端管理上开发了门店监控表、门店销量日报表。

考核行为化：传统的销售考核重在结果、重在数量。优秀的企业在销售考核中，重在行为、重在过程，建立销售行为考核指标，动态反映销售结果指标。

终端销售是营销的临门一脚，精益营销操作法是提升终端销售的有效利器，通过系统化的设计终端销售行为和过程，从而提高公司的营销执行力和营销效率。

要快消不要慢消

不同的产品销售的方式不一样，产品决定了产品的销售方式。市场上不外乎两种产品：一种是快消品，如饮料、酒水等；另一种是慢消品，如各类工业品、礼品等。快消品就要有快消品的操作模式与方法，慢消品也要有快消的节奏和标准。遗憾的是，很多企业分不清快消和慢消，把快消做成了慢消，把慢消做成了不消。不论快消还是慢消，都要快消才行。

01　快消要持续消费，慢销要间隙消费；

02　快消要刺激消费，慢消要理性消费；

03　快消人群要广，慢消人群要集中；

04　快消消费场景要便利，慢消要特定环境消费；

05　快消要随时消费，慢消要锁定时间消费；

06　快消定价要适中，慢消定价要相对高；

07　快消终端要多，慢消终端要集中；

08　快消人群要大众，慢消人群要小众。

业绩提升60%的方法

在成熟的市场，销售增长越来越难，能够维持和保持销售业绩相对稳定不下滑，对于很多厂家来说，就是市场的胜利和进步。只有极少数的企业和销售人员即使在成熟的市场，也能保持市场的较高增长，他们的秘诀是什么？

01　产品升级：提升销售业绩10%；

02　价格升级：提升销售业绩10%；

03　渠道细分：提升销售业绩10%；

04　客户细分：提升销售业绩10%；

05　购买频率升级：提升销售业绩10%；

06　拓展新客户：提升销售业绩10%。

市场竞争

竞争论

谈营销必谈竞争，竞争就是比高下，竞争就是发挥企业的优势领域，成为消费者选择的理由。竞争是面向竞争对手的，更是面向消费者的。在消费者核心需求上下功夫，比对手多一点儿、好一点儿、快一点儿、省一点儿。

01 信息竞争：人慢我快；

02 产品竞争：人无我有；

03 价格竞争：人高我优；

04 人员竞争：人多我精；

05 客户竞争：利润率；

06 终端竞争：陈列度；

07 服务竞争：美誉度；

08 品牌竞争：价值度；

09 顾客竞争：满意度；

10 标准竞争：制定者。

如何分析竞争对手

有市场就有竞争，基于竞争的营销策略能够在市场上建立优势。

01 竞争对手发展历程；

02 竞争对手核心优势；

03 竞争对手市场缝隙；

04 竞争对手产品结构；

05 竞争对手渠道结构；

06 竞争对手价格体系；

07 竞争对手客户群体；

08 竞争对手推广手段；

09 竞争对手终端建设；

10 竞争对手营销策略；

11 竞争对手市场分布；

12 竞争对手营销模式；

13 竞争对手营销组织。

十七种竞争手段

市场竞争，我们常说对竞争对手展开正面、侧翼、包抄等竞争策略，实际上，大多数时候在于自己竞争，对手打败不了我们，绝大多数企业是被自己打败的。展开自己的竞争，向自己“开炮”，向自己“进攻”。

01 信息处理以新取胜；

02 决策过程以质取胜；

03 经营成本以效取胜；

04 资金周转以快取胜；

05 产品质量以优取胜；

06 规格品种以大取胜；

07 使用功能以用取胜；

08 销售价格以客取胜；

09 网络渠道以全取胜；

10 服务用户以感取胜；

11 工艺技术以艺取胜；

12 经营策略以活取胜；

13 公司战略以进取胜；

14 品牌发展以魂取胜；

15 团队管理以性取胜；

16 管理水平以高取胜；

17 经营效益以好取胜。

营销风云

中国营销 30 年，诞生了不少曾经辉煌的企业，不胜枚举，它们都曾是行业的领导者、营销的革命者、市场的先锋者，但大多数都昙花一现，风光不在，几多惋惜、几多唏嘘。前车之鉴，后事之师。营销既要向成功者学习，更要向失败者学习。淘汰与被淘汰就是企业的宿命和规律，不是淘汰别人，就是被别人淘汰，时刻铭记，企业时刻处在被淘汰的边缘。

01　战略方向性失误；
05　资本方向性失误；
02　产品方向性失误；
06　广告方向性失误；
03　消费方向性失误；
07　组织方向性失误；
04　渠道方向性失误；
08　领导缺陷性失误。

销　售

销售速成

营销人员的素质模型

要成为一个合格的营销人员不简单，要成为一个职业化的营销人员更不简单，营销人员要锻炼，更要历练。营销人员既有先天因素，更要后天培养。很多失败的企业是因为有一群失败的营销人员。

01　商务：商务礼仪；

02　心态：积极心态；

03　技能：沟通、服务、谈判、推销、公关；

04　知识：产品知识、专业知识、营销理论、管理理论；

05　素质：结果导向、适应能力、主动性、人际理解、关系建立、服务精神、收集信息；

06　品德：从业知识、道德品质。

销售工作到底在做什么

有的人做了 3 年销售，就成了经理；有的人做了 20 年销售，还在跑市场，这到底是为什么呢？主要原因在于他们的做法不一样。优秀的销售人员系统地做，差一些的销售人员被动地做。

01 对自己很了解；
02 对客户很了解；
03 对公司很了解；
04 对产品很了解；
05 对市场很了解；
06 善于分解目标；
07 善于调整方案；
08 善于督促客户；
09 善于协作沟通；
10 经常跑市场；
11 经常谈客户；
12 经常报信息；
13 经常做总结；
14 重销量；
15 重产品；
16 重价格；
17 重推广；
18 重品牌；
19 重政策；
20 重执行。

销售人员的十三个法宝

业余和职业的区别在于竞争不在同一个级别——业余选手相对职业选手，既无招架之功，又无还手之力。

01 充分准备；

02 职业形象；

03 积极心态；

04 不怕打击；

05 从不抱怨；

06 销售优势；

07 热爱产品；

08 沟通技巧；

09 销售技能；

10 销售语言；

11 学习提升；

12 关系建立；

13 信任形象。

销售人员的二十三条速成法

有计划、有目的地训练销售人员，从业余到职业，从新手到高手，有方法、有步骤是必要的保障。

01 积极心态；
02 相信自己；
03 相信公司；
04 相信产品；
05 相信客户；
06 设定目的；
07 基本知识；
08 客户需求；
09 帮助客户；
10 建立关系；
11 做好准备；
12 真诚面对；
13 客户甄别；
14 会见准时；
15 专业素养；
16 预见问题；
17 条理清晰；
18 说到做到；
19 案例举证；
20 关注客户；
21 持续跟进；
22 不怕辛苦；
23 不怕拒绝。

销售人员的工具包

士兵要打胜仗，必须配备枪支弹药；销售人员要做好销售，同样也必须有基本工具。一个优秀的销售人员在销售之前，一定先做好各种准备工作，每次“作战”前，都要检查一下是否准备好所需的各种资料及工具。一般来说，销售人员要有以下七类工具：

01 形象资料：企业画册、产品手册等；

02 认证资料：检验报告、荣誉证书等；

03 样品资料：产品样本、演示道具等；

04 工具资料：名片、本子、笔等；

05 协议资料：合同范本、合作协议等；

06 方案资料：活动方案、促销方案等；

07 证据资料：销售业绩、模范客户等。

销售人员常犯的十三种错误

训练有素的销售人员能够降低人为因素对销售业绩的影响，而缺乏训练的销售人员，他们往往是企业销售中的“人祸”。

不是企业产品不好，也不是市场行情不好，更不是竞争激烈，而是销售人员的低级错误，导致公司的销售业绩连连下滑。新入行的销售人员很容易犯以下十三种错误：

01 对顾客不分析；

02 对市场不了解；

03 对经销商不了解；

04 对产品不了解；

05 对自己没有信心；

06 不善于倾听客户的声音；

07 缺乏多次销售耐性；

08 缺乏销售目标分解落地；

09 缺乏销售增长基本方法；

10 抓不住工作的重点；

11 不善于学习总结；

12 不善于“周边销售”；

13 不善于数据分析。

客户开发

新客户开发十种方法

客户在哪里，如何寻找客户，新品上市，新企业发展，都离不开新客户开发。找准方向，聚焦目标，多种结合，使客户开发事半功倍。

01　亲友介绍法；

02　行业推荐法；

03　权威推荐法；

04　主动拜访法；

05　依次扫楼法；

06　异业合作法；

07　展会推销法；

08　网络信息法；

09　刊物信息法；

10　活动信息法。

客户关系管理

开发一个新客户的成本是维持一个老客户成本的 5 倍，持续经营企业要建立在一定比例的忠诚客户基础之上，加强客户关系，增强客户黏性，提升客户业绩。

01 客户服务导向；
02 客户服务组织；
03 客户数据建立；
04 客户分级分类；
05 客户分时分段；
06 服务前销售后；
07 服务中高体验；
08 服务后有满意；
09 分阶段多接触；
10 有信息多分享；
11 有情感多表达；
12 有异议快化解；
13 有投诉快处理。

客户拒绝的常用语

一句话、一个眼神、一个动作，都能暴露客户对我们的态度和意见，当客户说这些话时，我们就要注意了。

01　“我很忙，今天没空！”

02　“我到时跟你联系！”

03　“让我考虑考虑”

04　“把资料放这里！”

05　“没店面，过了年再说！”

06　“现在这个行业不赚钱啊！”

07　“你们没什么卖点！”

08　“你们价格太高了！”

09　“你们没有电视广告！”

10　“我们资金有限！”

11　“你们来晚了，早点就好了！”

12　“市场不好做啊！”

13　“我只做某某品牌！”

门店管理

门店管理的十二要素

终端门店管理日益精细化、数字化、艺术化，加强终端门店管理，提升终端销量。

01 店面形象；
02 橱窗形象；
03 陈列形象；
04 导购形象；
05 产品形象；
06 宣传形象；
07 服务形象；
08 促销活动；
09 店前客流量；
10 进店来客量；
11 来客成交量；
12 客单价。

终端陈列的十三条标准

终端陈列是促进消费者购买的最直接的场所，好的终端陈列能够提升 50% 的销售额。陈列主要分为基本陈列、特殊陈列和堆头陈列三种。

01 位置显眼原则；

02 面积要大原则；

03 集中陈列原则；

04 纵向优先原则；

05 中强边弱原则；

06 饱满充实原则；

07 动感流线原则；

08 价格醒目原则；

09 干净卫生原则；

10 1.4 米上下原则；

11 基本陈列有规律；

12 特殊陈列精气神；

13 堆头陈列显气势。

单品突破

如何实现单品突破

20%的市场贡献80%的销量，20%的人员创造80%的业绩，20%的单品实现80%的销量，产品不在多，而在于精。贡献大销量的单品更是企业的支柱，打造大单品，实现大单品在于企业内部和市场的双突破。

01　开创新品类；
02　建立新标准；
03　设计新形象；
04　提炼新卖点；
05　瞄准核心人群；
06　聚焦核心市场；
07　爆发式铺货；
08　集中式促销；
09　连续式补货；
10　人海式操作；
11　滚动式发展。

新品上市失败的十三个常见原因

每年新品上市上万种，但成功的不到10%，90%的新品都由于各种各样的原因而夭折。幸福的家庭都一样，不幸的家庭各有各的不幸，新品失败的十三个常见原因剖析如下：

01 名字没有取好；
02 包装没有设计好；
03 卖点没有提炼好；
04 广告语没有说好；
05 定位没有明确好；
06 价格没有设计好；
07 推广没有执行好；
08 渠道没有建设好；
09 终端没有陈列好；
10 资源没有配置好；
11 市场没有选择好；
12 时机没有把握好；
13 队伍没有执行好。

产品动销

终端动销的十大方法

动销是营销的阀门，只有终端销售出去，营销的血液才能流动起来，特别是快消品行业，终端动销是临门一脚。终端动，整体动；终端不动，整体不动。因此，加强终端动销，是销售中极为关键的一步。

01 找准意见领袖；

02 突破意见领袖障碍；

03 加强渠道政策动力；

04 核心市场扩大铺货率；

05 集中资源做核心终端；

06 推广核心产品；

07 做好终端生动化；

08 加强人员推广；

09 加强终端促销；

10 产品在终端脱颖而出，包括陈列、促销、活动、人员、声音等。

导购卖什么

导购或终端销售人员到底在卖什么，是卖产品，还是卖其他？同样的卖场、同样的价格、同样的产品、同样的顾客，不同的导购或销售人员，由于技能、技巧的差异，卖出的结果大相径庭。

不同的消费者，卖的方式方法不一样，卖的产品也不一样，产品只是销售载体，销售卖的只是不同类型的顾客。

01　生客卖的是礼物；
02　熟客卖的是热情；
03　急客卖的是效率；
04　慢客卖的是耐心；
05　有钱卖的是尊贵；
06　没钱卖的是实惠；
07　专业卖的是专业；
08　豪客卖的是仗义；
09　小气卖的是利益；
10　时髦卖的是时尚；
11　享受卖的是服务；
12　虚荣卖的是荣誉；
13　挑剔卖的是细节；
14　随和卖的是态度；
15　犹豫卖的是保障。

介绍产品的利器

要想把产品卖出去，就必须把产品说清楚，很多导购员之所以卖不出产品，在于基本的产品特点也介绍不好；消费者买的不是产品，买的是好处、是利益、是价值。FFB产品介绍终极利器，是导购员的撒手锏。

01　配置（Feature）：听觉感受、视觉感受、触觉感受；

02　功能（Function）：证据烘托、专业解释、需求提问、设定标准；

03　利益（Benefit）：客户利益、情景幻象、确认需求。

抗拒点接触十个步骤

01　是否是决策者；

02　耐心倾听完抗拒点；

03　先认同客户的抗拒点；

04　辨别真假抗拒点；

05　锁定客户抗拒点；

06　能解决的先解决；

07　不能解决的给补偿；

08　无理抗拒点耐心讲；

09　得到客户的承诺；

10　解决客户抗拒点。

成交的十七种有效方法

成交是销售过程中的射门——进球，所有的前期行为都是为了促进成交的结果。但在实际销售过程中，往往在成交的关键环节无法突破，致使前期所做的一切都化为乌有。针对不同的客户类型，开展不同的成交模式，提升成交率。

01 引领造势法；
02 欲擒故纵法；
03 激将促进法；
04 机会不再法；
05 假设成交法；
06 从众引领法；
07 争先抢购法；
08 结果提示法；
09 晓之以理法；
10 动之以情法；
11 反客为主法；
12 叮咛确认法；
13 意见领袖法；
14 坦诚比较法；
15 等待无意法；
16 以退为进法；
17 以功为守法。

管　理

管理战略

管理是什么

管理出效益，管理养人才，管理讲规则。管理只有一种，就是制度；中国最缺的不是人性管理，最缺的是制度管理！制度只有一种，就是执行！执行只有一种，就是行为！行为只有一种，就是标准！标准只有一种，就是模式！

01 管理是制度；
02 管理是过程；
03 管理是目标；
04 管理是方法；
05 管理是力行；
06 管理是授权；
07 管理是计划；
08 管理是监督；
09 管理是检查；
10 管理是考核；
11 管理是执行；
12 管理是标准；
13 管理是约束；
14 管理是信任；
15 管理是鼓励；
16 管理是激励；
17 管理是结果。

绩效是什么

工资发给普通员工，高薪发给负责任的员工，奖金发给有成绩的员工，股份发给有态度的员工，加强绩效管理，发挥人的能动性和价值。

01 绩效是评价；

02 绩效是差距；

03 绩效是改善；

04 绩效是激励；

05 绩效是目标；

06 绩效是动力；

07 绩效是考核；

08 绩效是反馈；

09 绩效是能力；

10 绩效是业绩；

11 绩效是态度；

12 绩效是责任。

目标是什么

目标年年定，目标年年空！90%的企业无法达成制定的目标，主要原因在于对目标的认识不清。

01 目标是资源；
02 目标是路径；
03 目标是阶段；
04 目标是考核；
05 目标是过程；
06 目标是方法；
07 目标是分解；
08 目标是激励；
09 目标是坚持；
10 目标要明确；
11 目标可量化；
12 目标可执行；
13 目标可实现。

战略八定位

战略的本质在于定位和取舍，战略定位是确定一个企业现在和未来在整个环境中的位置和状态，而取舍不是选择做什么，而是选择不做什么，不做什么比做什么更难。战略定位是企业发展的道路边界线，建立清晰的战略定位，整合内外资源，匹配相关要素，实现战略发展目标的达成。

01　愿景定位；
02　使命定位；
03　价值定位；
04　市场定位；
05　业务定位；
06　客户定位；
07　品牌定位；
08　产品定位。

管理的层次

管理分高低，管理分强弱，管理分有效和无效，不同企业对管理的需求不一样，不同岗位对管理的要求不一样，不同人员对管理的方式不一样。强化公司内部管理，实现公司内部竞争力，打造高绩效的公司和高绩效的管理者。

01　一流管理管思想；
02　二流管理管战略；
03　三流管理管策略；
04　四流管理管制度；
05　五流管理管方法；
06　六流管理管行为；
07　七流管理管态度；
08　八流管理管语言；
09　末流管理管考勤。

领导者思考的问题

市场始终处于变化过程中，是无视市场的变化，是跟随市场的变化，是适应市场的变化，还是走在变化的前面，预先做好各种应对变化的措施和方法呢?

作为企业领导者，可能做的只有几件事，定战略、搭班子、带队伍、融资金，只有趋势对了，企业就会在风口上，外力就会推着你走。要想方向对、领导者就必须要多思考以下几个问题。

01 在什么行业发展?

02 在什么区域发展?

03 达到什么状态?

04 为顾客提供什么?

05 为员工带来什么?

06 为股东回报什么?

07 为社会创造什么?

08 为伙伴赢得什么?

09 我们信奉的基本原则是什么?

10　我们必须坚守什么？

11　我们对错的标准是什么？

12　我们的盈利模式是什么？

13　我们的发展目标是什么？

14　我们的资源配置是什么？

体制建设

机制的建立

企业是小系统，市场是大系统，企业要想在大系统中良好运行，就必须建立自己的小系统。要建立好小系统，就必须建立其系统运行的机制，高效的系统必须建立在完善的机制基础之上。企业的机制是企业经营的原则和企业运营的法则，一个优秀的企业离不开以下八大机制：

01　企业的战略机制；
02　企业的组织机制；
03　企业的用人机制；
04　企业的决策机制；
05　企业的激励机制；
06　企业的责任机制；
07　企业的约束机制；
08　企业的文化机制。

价值重建

一个人有自己完整的价值体系，就会有独立的自我和人格，即使身陷绝境的时候也能勇往直前，即使面临多种选择的时候也能果敢决断。

不为诱惑所左右，一个企业有自己完整的价值体系，就会有独特的精神和影响力。纵观国内乃至世界优秀的企业，他们都建立了适合自己完整的价值体系，并同时不断完善和优化价值体系，践行价值体系，而不是随波逐流去拼凑一些时髦却不实际的口号。

价值体系是企业的精神所在。在过去30年的卖方市场阶段，企业在某种程度上是无须价值体系的，企业只需提供满足消费者的产品。而今进入买方市场的消费者时代，企业需要有一种独特、个性的非产品外的东西影响和感召消费者。这是非产品外的精神交流和情感寄托，是相互之间的信念和信仰，是相互之间心灵的触动和碰撞。

从上到下的建设

修房子，是从下到上的建设，万丈高楼平地起。而做企业，是从上到下的建设。今天优秀卓越的企业，都是自上往下的建设，从价值理念、使命、文化构建整个企业的灵魂，企业的上层空间决定了企业的高度。

01 使命——必达；
02 愿景——呈现；
03 价值观——约束；
04 战略——共识；
05 组织——匹配；
06 文化——凝聚；
07 制度——建设；
08 职能——规范；
09 流程——清晰；
10 绩效——评估；
11 目标——明确；
12 方法——有效；
13 标准——严格；
14 作业——有序；
15 执行——到位；
16 考评——合理；
17 激励——人心。

组织管理

营销组织的变迁与发展

市场在变化，营销组织也在不断地随市场的变化而发生变化。营销组织受两个基本要素的制约：战略和市场。公司根据市场的变化来制定战略，根据战略的变化来调整组织。营销组织为战略服务、为市场服务。在短短的30年中，中国的市场发生了巨大的变化，而营销组织的模式也在不断升级与发展。

01　无营销组织时代；
02　业务科时代；
03　简单直线制；
04　职能专业化；
05　产销分离模式；
06　事业部模式；
07　分公司模式；
08　矩阵式模式；
09　厂商一体化整合模式；
10　用户核心价值模式。

组织设计的十一项原则

战略决定组织，组织实现战略。组织是机制，组织是体制，组织是模式，组织是管理。

01 战略导向原则；

02 市场导向原则；

03 客户导向原则；

04 高效精简原则；

05 责权一致原则；

06 有效幅度原则；

07 灵活权变原则；

08 执行监督原则；

09 分工协作原则；

10 层级指挥原则；

11 积极参与原则。

团队管理的十个核心要素

两人成组，三人抱团，为道义而聚的是团伙，为使命而战的是团队。团队管理要将不同的人凝聚在一起，充分发挥各自优势、取长补短、兼容并包、换位思考、换位感受，为共同的目标和方向并肩作战。打造优秀卓越的团队，成就超越自己的业绩。

01 文化凝聚人心；

02 使命引爆潜能；

03 目标明确方向；

04 沟通达成一致；

05 信任建立协作；

06 责任促发主动；

07 慎重不犯错误；

08 换位感受决策；

09 快乐营造氛围；

10 分享成就价值。

十九种激励方法

一个优秀的管理者一定是一个优秀的激励者，激励产生正能量，激励激发潜能，激励促进成长。每个人都有被激励的渴求和需求，往往被激励的人比被打击的人优秀 10 倍。不论是工作中还是生活中，激励不仅是物质的激励，更重要的是非物质的激励。按马斯洛的“需求层次理论”，物质层面的激励只是动物性的激励，非物质的激励才是人性的激励。

01　目标激励；
02　民主激励；
03　压力激励；
04　表率激励；
05　榜样激励；
06　竞赛激励；
07　竞争激励；
08　用人激励；
09　授权激励；
10　信任激励；
11　价值激励；
12　物质激励；
13　精神激励；
14　赏识激励；
15　感情激励；
16　宣泄激励；
17　惩罚激励；
18　尊重激励；
19　信息激励。

基层员工的管理

基层员工好管，也不好管。说好管，是因为他们的综合素质与能力相对较低；说不好管，也是因为他们的综合素质与能力相对较低。好管的是行为，不好管的是个性；好管的是脑，不好管的是心。基层员工的管理既要有制度化的规定和约束，也要有针对性的方法与技巧。

01　好学上进型：多指导；

02　利益至上型：多分享；

03　自我膨胀型：多提醒；

04　闲言碎语型：多规定；

05　骆驼祥子型：多关爱；

06　上班下班型：多检查；

07　茫然失措型：多引导；

08　孔雀开屏型：多分辨；

09　马马虎虎型：多要求；

10　未来经理型：多培养；

11　怪人异人型：多放弃。

企业文化

文化是什么

一切资源都会枯竭，唯有文化生生不息。

01	文化是一种气质；	08	文化是一种制度；
02	文化是一种精神；	09	文化是一种理念；
03	文化是一种状态；	10	文化是一种仪式；
04	文化是一种观念；	11	文化是一种价值；
05	文化是一种语言；	12	文化是一种心态；
06	文化是一种行为；	13	文化是一种故事；
07	文化是一种氛围；	14	文化是一种口碑。

文化的力量

人无思想，如行尸走肉，企业无文化，加快消亡。纵观优秀的公司，都是建立在思想、文化、理念的基础上，先进的思想产生先进的行为，先进的行为产生先进的结果。公司规模再大，没有思想文化就会僵化，就没有生命力和活力。公司规模再小，有思想文化就会活化，就有生命力与活力。塑造符合企业、行业、时代的企业文化价值观，推动企业不断进步与发展，实现企业的基业长青。

南方略咨询公司在多年的发展过程中，形成了推动公司发展有价值的先进文化。“1－3－6”文化价值体系，是南方略咨询公司思想价值文化中闪闪发光的珍珠。培养一个能力，践行三个核心、发扬六业精神、找到一个未知。

一个能力：学习能力。

学习能力是第一能力，学习能力是终身能力，自我学习能力是核心能力。

三个核心：思想、员工、客户。

思想是南方略咨询公司的核心科技，要有思想；员工是南方略咨询公司的核心资产，要造就员工；客户是南方略咨询公司的核心财富，要成就客户。

六业精神：敬业、专业、职业、商业、事业、伟业。

没有敬业，哪有专业；没有专业，哪有职业；没有职业，哪有商业；没有商业，哪有事业，没有事业，哪有伟业。

一个未知：找到一个未知的你。

挖掘员工潜能，找到员工未知的自己，实现员工人生价值的最大化。

企业中的情

企业是由人组成的，有人的地方就有情，有情的地方就有人。企业离不开情，企业有许多情，但有些企业只有一种情，那就是狭义的人情，任人唯亲、任人唯近、任人唯友、任人唯忠。而不是多元化的情，广义的情。人与人之间的情是企业第一层面的情，管理中渗透的情是企业第二层面的情。只有管理中充满了情，企业的情才是健康的情、良性的情。

01 战略是豪情的；
02 目标是激情的；
03 执行是热情的；
04 营销是调情的；
05 关怀是温情的；
06 领导是有情的；
07 管理是无情的；
08 制度是绝情的；
09 公司是多情的。

有效果的学习

建立学习型组织曾风靡一时，时至今日，能够真正建立起学习型组织的企业少之又少，究其原因有以下三点：

01 大多数人把学习当作一种负担；

02 学习后发现并没有改变自己，学了没有用；

03 没有养成学习的习惯和掌握学习的方法。

中国填鸭式的学习从来都是别人帮助我们学习，而不是自我学习。我要大声疾呼：学习能力是第一能力，学习能力是终身能力，自我学习能力是第一能力的推力。我们要改变的是学习方法和学习态度，要有效果的学习。

向市场学习、向客户学习、向竞争学习、向同事学习、向自己学习；学习要总结、学习要实践、学习要思考、学习要反驳、学习要整合；要学点，更要连线，还要成面，最好要成体，没有形成体系的知识都是碎片化信息。

管理问题

问题的源头

我们始终会面临各种问题，我们就是在和问题不断打交道。问题就像工作和生活的孪生体，有生活就有问题，有工作就有问题。就像南方略咨询公司董事长刘祖轲所说的：“管理者就是为解决问题而生的人，有问题不可怕，没有问题才可怕！”问题出现是一种结果，要解决问题就必须要找到问题的源头，才能避免问题的再度发生和重演。

01　外部出了问题，从内部找起；

02　员工出了问题，从领导找起；

03　工作出了问题，从自身找起；

04　今天出了问题，从昨天找起；

05　营销出了问题，从顾客找起；

06　经营出了问题，从管理找起；

07　管理出了问题，从制度找起；

08　制度出了问题，从机制找起；

09　机制出了问题，从理念找起；

10　理念出了问题，从环境找起。

失败管理者的七宗罪

成功的管理者一定是将自身的优势发挥到极致，比如乔布斯，对于创新、创意和改变世界的极致热情和理念，使其成为卓越的领导者和管理者。而失败的管理者的核心问题在于无法将自身优势发挥，放纵自身劣势的蔓延。

01 能力不足；

02 自以为是；

03 信任不够；

04 沟通不足；

05 情绪不稳；

06 要求不高；

07 目标不清。

服　务

服务是什么

在产品同质化的时代，服务越来越成为企业的核心竞争力，服务让产品变得不一样，服务的差异化彰显了产品的价值与品牌。服务是由内心而发的真情实意的表达过程。

01　服务是无形产品；
02　服务是有形产品；
03　服务是关系产品；
04　服务是增值产品；
05　服务是标准；
06　服务是流程；
07　服务是语言；
08　服务是神态；
09　服务是内心；
10　服务是体验；
11　服务是感受；
12　服务是惊喜；
13　服务是参与；
14　服务是感动；
15　服务是口碑；
16　服务是互动；
17　服务是故事；
18　服务是满足；
19　服务是细节；
20　服务是文化。

服务决定论

在产品同质化的时代，服务成为市场竞争的差异化，服务成为硬件产品的润滑剂。即使像华为这样的技术创新型企业，也将服务作为公司的第一战略。对于服务型企业来说，服务更是企业的第一战略。服务创造价值，服务打造品牌。

01　服务决定论：以客户价值为核心的服务体系；

02　服务是由人决定的；

03　人是由标准决定的；

04　标准是由制度决定的；

05　制度是由理念决定的；

06　理念是由客户决定的。

服务品牌论

服务创造价值，服务塑造品牌，凡是成功的企业，都将服务作为企业打造品牌的核心手段之一。海底捞、海尔、华为、龙湖等无疑是将服务作为品牌的核心价值理念，通过不断的升级和提升服务的标准、水平、能力，推动品牌持续发展。

体验：

01　品牌是顾客的综合体验和感受；

02　服务是提供体验和感受的产品。

价值：

01　品牌是产品的附加价值溢价；

02　服务本身就是品牌价值延伸。

口碑：

01　具有口碑的品牌传播最快速；

02　服务是放大口碑的有效方式。

服务对象论

服务谁，对于服务企业来说是一个很重要的问题，要想服务好客户，必须首先服务好服务客户的人——员工。任何一个优秀的服务企业，都是建立在服务好员工的基础上开展对外服务，一味强调客户服务而忽略员工服务的企业是无法向客户提供优秀服务的。

01　双向服务原则；

02　由内到外的对象；

03　由外到内的影响；

04　员工服务第一；

05　客户服务第二；

06　对内传播第一；

07　对外传播第二。

服务构成论

只有技术标准的服务不叫服务，每个企业都在谈服务，但能把服务做得有口皆碑的企业少之又少，原因在于大多数企业只有服务的结果标准，没有服务的过程标准。服务是以追求过程为核心的体验式消费，缺乏过程体验的感受标准，结果再好，客户的服务感受都不完整、不强烈。

01 理念引领；
02 组织保障；
03 技术标准；
04 行为标准；
05 语言标准；
06 心理标准；
07 态度标准；
08 神色标准。

服务设计论

没有设计的服务都是因人而异的服务，没有设计的服务都无法形成一致性的服务。所有卓越的服务都是经过设计的。基于客户需求设计的服务才能满足客户需求，服务设计是端对端的体系建设，从客户需求出发到满足客户需求。

01　基本服务；

02　常规服务；

03　增值服务；

04　惊喜服务；

05　感动服务；

06　愉悦服务；

07　意外服务；

08　应急服务。

行　业

食品行业

休闲食品的发展方向

随着经济的发展和消费水平的提高，休闲食品逐渐成为日常必需品，消费者对于休闲食品的数量需求和品质需求逐渐增长。随着市场的成熟和竞争的加剧，未来要想在休闲食品市场立足、壮大，就必须把握休闲食品的发展方向和趋势。

01 绿色生态化；
02 口味记忆化；
03 营养健康化；
04 形状亲和化；
05 品类创新化；
06 形象差异化；
07 包装时尚化；
08 渠道网络化；
09 价格价值化；
10 终端趣味化。

建材行业

建材行业的聚焦营销

建材行业产品种类多、品牌竞争多、销售季节性强、购买影响因素多，但整体消费群体比较聚焦，产品使用环境相对固定。因此，一般性建材企业比较适合采取聚焦的营销策略，快速实现产品销售，聚焦锁定建立品牌。

01　聚焦产品：围绕核心群体，重点推荐核心产品；

02　聚焦楼盘：建立楼盘数据库，进行需求分析；

03　聚焦传播：销售卖场和楼盘开展传播；

04　聚焦合作：同业和异业联盟多合作；

05　聚焦设计：建立与设计公司的分配机制；

06　聚焦定制：根据客户需求提供解决方案；

07　聚焦服务：物流时间和安装标准双提升。

家具行业的品牌定位

我国家具企业超过4万家，而耳熟能详的品牌不到50家，大多数家具企业还处于产品时代——产品同质化严重，产品的价格竞争惨烈，单纯依靠产品模仿及低价格的企业在市场中始终处于被动状态，最终会被市场淘汰。家具企业已经进入塑造品牌、传播品牌的时代。

01 品质定位模式关键词：材料质量、配件质量、工艺质量、精益求精、可靠性、耐用性、精品、名品；

02 荣誉定位模式关键词：驰名商标、名牌产品、环境标志、绿色产品、行业大奖；

03 设计定位模式关键词：欧洲设计、法国设计、德国设计、意大利设计、原创设计、创新设计、设计出众、定制化；

04 环保定位模式关键词：绿色材料、低碳生活、无味、自然、环保；

05 优雅定位模式关键词：优雅生活、雅致、典雅；

06 艺术定位模式关键词：艺术杰作、完美艺术、经典艺术、艺术家；

07　品位定位模式关键词：生活品位、魅力、时尚；

08　个性定位模式关键词：人性化设计、人性化服务、个性生活；

09　情感定位模式关键词：温馨、浪漫、幸福、爱家、欢乐；

10　尊贵定位模式关键词：奢华、宫廷皇室、冠军、华贵、富贵；

11　自由定位模式关键词：简约、空间、自在；

12　专家定位模式关键词：生活家、专家、大师。

木门市场的竞争策略

木门市场进入门槛低、市场消费需求大、产品同质化严重、营销模式雷同、人工成本高、材料成本涨价、技术创新难，木门企业需要调整营销竞争策略，做强、做实、做大市场。

01　市场策略：深挖区域市场；

02　研发策略：创新工业设计；

03　产品策略：做精产品细节；

04　淘汰策略：提高技术标准；

05　渠道策略：线上线下结合；

06　客户策略：企业联盟销售；

07　品牌策略：会展打造品牌；

08　服务策略：完善便利流程；

09　品质策略：低碳环保自然；

10　拓展策略：上山下乡发展；

11　竞争策略：个性定制差异。

工业品行业

工业品企业的营销

工业品营销不同于一般产品的营销，工业品营销是关系营销、方案营销、决策营销、价值营销、流程营销、组织营销的综合体。影响工业品客户购买产品的因素很多，剔除一些不同等的价值要素，工业品客户在购买产品时有以下基本价值：

01　产品质量稳定可靠；

02　产品功能完善；

03　产品性价比高；

04　技术领先；

05　完善的售后服务；

06　产品可持续发展。

新旧融合

传统行业的新商业模式构建

企业要定期保持对商业系统、商业模式整体体检和提升的热情，不断强化整体商业系统的运作机能，与市场的变化保持一致性和节奏性。不但在局部上调整，而且要注重在整体上优化与润滑，确保商业组织的活力与青春。

重新定义消费群体：首先，消费群体是流动的、变化的；其次，消费群体是多元化、立体化的。要根据新时代消费群体的行为方式来设计优化新的系统运作模式。

重新价值定位：商业模式的价值定位就是要在消费者心目中建立独特位置，在竞争对手中建立优势位置，在自身系统中建立核心位置。

产品组合优化：不是把所有的产品优点集中在某一种产品身上的全优产品，而是要对产品的本质进行升级，产品的特性应与价值定位相吻合。

定义服务：对于大多数企业来说，服务还停留在解决问题层面上，害怕服务、不愿意服务，企业必须把服务提升到战略层面来思考。

整合营销：根据目标消费群体接触信息的先后顺序来优化整合营销模式，根据目标消费者在不同场所接触的时点来设计营销内容，根据不同的市场阶段来规划营销手段和方式。

组织调整：营销组织的扁平化和市场化，能够保证我们对市场做出快速反应。根据不同的消费群体，建立相对应的服务组织，实现多元化的组织模式。

盈利模式：根据消费者价值，对企业的成本方式、费用方式、盈利方式进行重新组合与设计，创造新的价值利益点。

案　例

快消品行业

恒大为什么敢做水

地产和水，风马牛不相及，但恒大就跨界做了这件看似“不相干”的事，并从一开始就博得众人眼球。跨界越大，关注度越高，但只是开始的光辉一闪，注定昙花一现。就像某快消品企业做商业地产一样，不掌握行业本质和颠覆传统，依样画瓢和照本宣科，外行注定是做不过内行的，最终只会落得草率收场的结果。恒大冰泉打赢了产品第一仗，但营销第二仗显得力不从心。不管恒大未来如何，只看恒大为什么敢做水，对企业选项、立项、投项是值得思考和借鉴的。

01　选择规模足够大的行业；

02　选择产品老化的行业；

03　选择市场有前景的行业；

04　选择操作方式成熟的行业；

05 选择非技术高门槛的行业；

06 选择广告仍旧有效的行业；

07 选择有渠道驱动力的行业；

08 选择消费者品牌忠诚度可摇摆的行业。

恒大冰泉的意义

不管恒大冰泉最终怎么样，恒大冰泉对中国水市场的意义和营销意义影响巨大。恒大冰泉是水市场的半路“程咬金”，“三板斧”的功力显示了大师水准。

01　大市场始终有大机会；

02　快消品始终可被颠覆；

03　产品始终可被创新；

04　话题始终是好传播；

05　成熟市场进入更简单。

劲酒长销的八大核心密码

劲酒开创了中国保健酒的先河，开创了保健酒新品类。自20世纪90年代以来，一直引领保健酒的市场发展。公司连续保持多年的持续增长，2013年销售额突破60亿元，是什么让劲酒多年保持市场不败，而且利润不断增长？

01　人群的突破：瞄准中青年群体；

02　饮用的突破：劝你少喝，不劝多喝；

03　定位的突破：从功能酒到健康酒；

04　单品的突破：小瓶装125毫升大单品；

05　渠道的突破：从餐饮到商超分步走；

06　组织的突破：厂商一体化组织模式；

07　经销商的突破：四专体系①的建立；

08　时间的突破：20年健康定位不动摇。

---

①　专业化培训、专业化形象、专业化陈列、专业化管理。

加多宝成功的十三个核心密码

加多宝的成功，不是定位的成功，而是系统的成功。不了解成功的背后要素，盲目认为定位成就了加多宝，那么，你的企业就危险了。

01 产品聚焦打天下；
02 包装简单留印象；
03 市场试销建模式；
04 市场扩展有步骤；
05 渠道开发找主流；
06 品牌定位找差异；
07 核心价格定江山；
08 营销管理体系化；
09 终端建设形象化；
10 线上线下一体化；
11 营销模式标准化；
12 营销过程数字化；
13 营销考核过程化。

营养快线畅销的十一个核心密码

营养快线——娃哈哈旗下的一个单品，年销售额超过150亿元，占据娃哈哈集团销售额近20%。一个单品，如何在竞争激烈的饮料市场中脱颖而出，风靡全国，畅销10年？

01 开创产品新品类：牛奶＋果汁；

02 瞄准细分新人群：不吃早餐的人；

03 简单名字有力量：营养快线；

04 产品测试好口味：大规模产品口味测试；

05 卖点简单有力度：早上喝一瓶，精神一上午；

06 产品升级不间断：产品组合、产品口味不断升级；

07 品牌定位隔对手：不卖饮料卖早餐；

08 品牌形象建口碑：欢乐、健康、青春、时尚；

09 定价合理大市场：高性价比竞争定价法；

10 网络渠道现神功：联销体大网络大覆盖；

11 线上线下齐传播：多种媒体全整合。

六个核桃狂销的十三个核心密码

六个核桃，每年销售量增长50%，2013年一个单品销售额达到130亿元。是什么样的方法，让六个核桃成为饮料行业的黑马和快马？

01 市场细分创品类：智力饮品；

02 单一产品力量大：一罐核桃；

03 简单直接好名字：六个核桃；

04 聚焦核心消费者：学生，用脑人群；

05 卖点诉求抓眼球：经常用脑，多喝六个核桃；

06 品牌定位划区隔：核桃饮品专家；

07 定价定出好身价：比竞品高一点；

08 联姻明星树时尚：著名主持人代言；

09 销量在前品牌在后：销售第一，品牌第二；

10 由软到硬遍市场：农村包围城市；

11 聚焦核心遍地华：先学校后乡镇，先社区后城区；

12 精耕细作见销量：做深、做透、做实区域市场；

13 渠道政策有保证：无条件退换货。

“好想你枣”的再定位

市场越来越细分，消费群体越来越个性，在互联网市场日新月异的时代下，每一家传统企业都在不断互联网化。“好想你枣”就是一家与互联网市场有效结合的时尚企业，先前的模式是连锁专卖模式，产品主要是针对家庭和礼品人群，包装主要是大包装。2012 年起，“好想你枣”意识到专卖店模式在市场中的挑战越来越大，同时礼品市场也面临重大调整，而互联网市场存在巨大的机会。为此，“好想你枣”针对互联网市场开发互联网产品，获得了市场的巨大成功，2013 年网上销售额超过 1 亿元。

01　人群细分：将客户划分 7 类特定人群；

02　人群角色化：拟定 7 个人群角色；

03　重新定位：从礼品定位到健康零食；

04　价值重塑：从特产到休闲品；

05　包装调整：从大包装调整为小包装。

优衣库的秘诀

水是生命之源，人人离不开，不论什么样的人，对水的标准基本上都是一样的。而衣服，因人而异，产品差异大，市场细分大。但优衣库颠覆传统，价值创新，标新立异，引领潮流，开创了满足所有人的服装销售模式——像卖水一样卖服装，如何做到呢？

01　不分年龄、性别都需要的基本款；

02　产品创新不间断；

03　信息发布如水流；

04　销售现场是关键；

05　涨价理由很充分；

06　创新市场突破大；

07　单品推广力度大；

08　舒适感受是第一。

保健品行业

脑白金力销的十一个核心密码

脑白金是人人皆知的产品，不论夸它的还是骂它的，都不得不承认它是中国目前为止赚钱最多的保健品。史玉柱虽然现在不做营销做金融了，但他在脑白金上留给营销人员的思考到今天还管用，明天还有价值。

01 调研很重要：史玉柱亲自下市场；

02 定位很重要：不卖保健品卖礼品；

03 包装很重要：小产品大包装；

04 顾客很重要：不卖父母卖子女；

05 广告很重要：今年过节不收礼，收礼只收脑白金；

06 效果很重要：每个人效果不一，有效就有效果；

07 口碑很重要：举证宣传人人传；

08 营销很重要：史玉柱亲自想、亲自写、亲自干；

09 聚焦很重要：能聚焦都聚焦；

10 人员很重要：打的就是人海战术；

11 结果很重要：要功劳就是不要苦劳。

地产行业

服务型企业向龙湖学什么

“不卖房子卖服务”，对于重庆的龙湖业主来说，大多数是冲着龙湖的物业服务去的，能够成为“龙民”，享受龙湖物业服务的人，一般都有一些优越感。

一个房地产开发公司，如何将服务做成品牌，对于服务型企业来说，有太多值得借鉴、学习和反省的地方。

01　服务战略；
02　服务机制；
03　服务标准；
04　服务流程；
05　服务细节；
06　服务态度；
07　服务执行；
08　服务考核；
09　服务文化；
10　服务满意；
11　服务惊喜；
12　服务幽默；
13　服务风趣；
14　服务价值。

中联地产独特的十心服务

中联地产是南方略咨询公司服务的一家地产中介公司，2005 年，南方略咨询公司为中联地产进行品牌价值体系规划、品牌文化建设等服务内容，提出了“家·和”品牌核心价值，围绕“走进中联、走进家”的品牌理念，提出了十心品牌服务文化。

对员工：

01 对员工关心；

02 对同事诚心；

03 对业务专心；

04 对客户热心；

05 对公司忠心。

对客户：

01 购房有信心；

02 手续很顺心；

03 付款很安心；

04 入住很放心；

05 全程很省心。

制造行业

海尔的1234服务

海尔，服务打造品牌，“真诚到永远”，奠定了海尔服务的理念基石和品牌基石。

一个结果：服务圆满。

两条信念：

01 带走客户的烦恼，烦恼至零；

02 留下海尔的真诚，真诚到永远。

三个控制：

01 控制服务投诉率；

02 控制服务遗漏率；

03 控制服务不满意率。

四个不漏：

01 一个不漏地建立处理档案；

02 一个不漏地安排处理事宜；

03 一个不漏地复查处理结果；

04 一个不漏地将处理结果反馈到设计、生产、经营部门。

华为的服务战略

服务战略是华为的第一战略，一家生产硬件的企业，却将服务的软件置于最高位置。华为在20多年的发展过程中，不断提升和创新服务能力，将服务融入产品、融入客户、融入员工，带给客户高满意度的价值体验和感受。

01 不断升级的服务战略；

02 以客户需求为中心的服务理念；

03 以客户满意为标准的服务价值；

04 端（需求）到端（满足需求）服务体系；

05 一体化的服务解决方案；

06 信息化的服务平台；

07 白金、金、银的三级服务标准；

08 高响应的服务速度；

09 服务导向的考核；

10 极致化的服务细节。

小米品牌的打造之道

小米品牌在短短的几年时间，从无到有，从线上到线下，市值460亿美元，颠覆了传统手机行业，开创了新商业模式，打造了独特个性的品牌价值。小米品牌，值得思考。

01　奇怪的名字：小米；

02　独特传播口号：为发烧而生；

03　智能互联网手机品类；

04　聚焦核心单一产品；

05　升级核心单一产品；

06　用户参与开发产品；

07　聚焦线上传播模式；

08　领袖传播扩大品牌影响力；

09　打造互联网品牌文化；

10　完善品牌管理体系。

三维营销法则

营销三观

一问宏观：

01　问政策；

02　问行业；

03　问产业；

04　问格局；

05　问趋势。

二问中观：

01　问竞争对手；

02　问经销商；

03　问市场特点；

04　问区域差异。

三问微观：

01　问终端购买；

02　问用户需求；

03　问4P。

营销三界

一问跨界：

01　问人群跨界；

02　问市场跨界；

03　问产品跨界；

04　问模式跨界；

05　问推广跨界。

二问边界：

01　问市场延伸边界；

02　问产品延伸边界；

03　问人群延伸边界。

三问破界：

01　问打破传统；

02　问颠覆规则；

03　问逆向行之；

04　问消费疼点。

营销三问

一问自己：

01　我们的产品如何？

02　我们的价格如何？

03　我们的品牌如何？

04　我们的政策如何？

05　我们的人员如何？

06　我们的市场如何？

二问对手：

01　我们的对手是谁？

02　对手优势是什么？

03　对手劣势是什么？

04　对手的产品如何？

05　对手的推广如何？

06　对手的人员如何？

07　对手的市场如何？

三问用户：

01　我们的用户是谁？

02　我们的用户到底是谁？

03　用户的需求到底是什么？

04　用户的烦恼到底是什么？

营销三做

一做事：

01 做产品；

02 做价格；

03 做渠道；

04 做推广；

05 做政策。

二做市：

01 做终端；

02 做形象；

03 做活动；

04 做宣传；

05 做公关。

三做势：

01 做品牌；

02 做标准；

03 做样板；

04 做人心。

营销三波

一波做样板：

01 市场聚焦；

02 产品聚焦；

03 客户聚焦；

04 渠道聚焦；

05 推广聚焦；

06 人员聚焦。

二波做区域：

01 市场延伸；

02 产品延伸；

03 客户延伸；

04 渠道延伸；

05 推广延伸；

06 人员延伸。

三波做全国：

01 品牌启航；

02 整合传播；

03 大区招商；

04 快速作战；

05 线上线下。

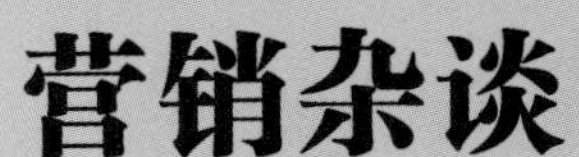

营销杂谈

营销的问题

营销的首要问题

营销的首要问题是什么？我们天天讲营销、做营销，但我们是否思考过这个问题。不能对这个问题进行正面直接的回答，我们做再多的营销，对于营销的理解和思考都是不到位的。

首先，我们是否思考过这个问题；其次，我们对这个问题的理解是什么？营销，与企业一样，也存在各种各样的问题。但是，到底什么是营销的首要问题，到底什么是营销的本质问题？如果不能解决营销的首要问题，其他营销问题解决再多也是皮毛，也是表面功夫，不能持续地解决市场中的问题。

谁是我们的用户，谁不是我们的用户，这个问题是营销的首要问题。史玉柱在《我的营销心得》中开篇第一句话就讲道：营销，最核心的是找到你要销给谁。

营销是围绕用户的营销，营销不是围绕竞争对手的营销，我们做营销，首要解决的问题是我们的产品销给谁。

很多人做营销，两眼盯对手，忽略了用户，用户才是营销中核心的本质和要素。对手盯得再紧，也只是在对手的后面跟班。只有两眼紧盯用户，我们才能在市场中赢得对手，获得用户。忽略用户的营销都不叫营销，用户会告诉我们营销的答案，营销会告诉我们竞争的方案。

01　用户，是营销的首要问题；

02　用户，是营销的核心问题；

03　用户，是营销的关键问题；

04　用户，是营销的本质问题；

05　要想解决营销问题，就要多解决用户问题。

用户的首要问题

用户的首要问题是什么？营销的首要问题是用户，那么用户的首要问题是什么呢？用户关心很多问题：产品、价格、质量、包装、便利性、品牌、性价比、服务、体验……到底什么是用户关心的首要问题呢？在竞争日益激烈的市场环境中，我们不断地寻找产品的差异、用户的独特需求，结果越走越远，甚至忘了出发的地方，忘了用户最基本的所在。苹果公司创始人乔布斯说："产品是最大的战略，再好的营销，如果没有产品，也是没有任何意义和价值的。"

营销的目的是为了把产品销售出去，产品是用户的首要问题。产品本身就是最好的营销方式。

01　产品，是用户的首要问题；

02　产品，是用户的核心问题；

03　产品，是用户的关键问题；

04　产品，是用户的本质问题；

05　要解决用户问题，首先解决产品问题。

营销立方体的原子核

营销是一个多要素的集合体，涉及客户、市场、产品、包装、价格、渠道、推广、品牌、形象、组织、战略、人员、执行、政策、竞争、服务等几十个要素，不同行业、不同企业、不同阶段对这些要素的组合和排序是不一样的。在众多要素中，都是以某一个要素为核心进行思维扩散的。每个行业、每个企业都有自己本质的核心要素。没有放之四海而皆准的真理，唯有根据自己行业的属性和企业特性组合的营销密码，或排序不一样，或组合不一样，或多少不一样。

不管是以什么为核的营销立方体，在核的最中心是消费者这个核，消费者是营销核心中的核心、原子中的原子。脱离消费者这个核心，不管什么核，都无法引爆市场。

01　以文化为核的营销立方体；

02　以关系为核的营销立方体；

03　以资源为核的营销立方体；

04　以市场为核的营销立方体；

05　以人员为核的营销立方体；

06　以品牌为核的营销立方体。

营销的视野

要分清对象

“谁是我们的消费者？谁不是我们的消费者？这个问题是营销的首要问题。”看来不是随便一个人都可以做营销的，之所以中国很多企业做不好营销，就是因为一些对营销常识缺乏研究、实践的人无法做出专业的营销决策。中国大多数营销决策实际上是权力决策，而不是市场决策。

做营销，要分清对象，向谁做、怎么做、为什么这样做、要做到什么程度、要做到什么效果、要做到什么状态。做营销，不分清对象，就是白做、瞎做、乱做。

是什么与为什么

一个人人皆知的老故事：两个买鞋人去非洲调研市场，一个人回来说："那里没有市场，因为人人都不穿鞋"；另一个人回来说："那里有很大的市场，因为人人都不穿鞋"。人们习惯用第一个人来讽刺看不到市场机会的人，用第二个人来赞扬有营销能力的人，就像把梳子卖给和尚的故事一样，这些故事基本上都是杜撰出来的。

在营销中，我们必须解决是什么与为什么的问题。是什么，只是事情的表象、事情的现象、事情的基本情况，本身无法解决问题；而为什么，才是事情的真相、事情的本质、事情的来龙去脉，只有找到为什么，才能找到怎么做的方法。

人人不穿鞋，只是是什么，为什么不穿鞋，才是为什么。非洲土著人出生在气候炎热、泥土舒松的环境，经济落后，食不裹腹，连衣服都不想穿，怎么可能想到要穿鞋。如果把大量的鞋运过去，结果肯定是滞销。

做营销不但要搞清楚是什么，更要搞清楚为什么，只有把握了为什么，我们才能做出有效的营销决策。

营销的战略

短时间的战术性胜利无法形成最终的战略性胜利。营销不仅要讲战术，更要讲战略，而大多数营销指挥员在营销中重战术而忽略营销的战略。一个无法在战略上思考的营销指挥员，很难取得市场的最终胜利，通常的结果是不断消耗公司的资源，最终到没有资源消耗为止。营销指挥员要有战略思维，要有格局思维。营销战略对于依赖销售的企业来说，就是公司的第一战略。

01　市场战略；
02　顾客战略；
03　竞争战略；
04　产品战略；
05　渠道战略；
06　品牌战略；
07　人员战略。

营销的格局

大多数人做营销都停留在营销的格斗层面，无法上升到营销的格局层面。格斗层面的营销只是逞一时之勇，耗时、耗钱、耗力，透支未来、透支品牌，比如人海战术、血本促销等。营销要讲格局，格局层面的营销是高屋建瓴的营销，是俯视趋势的营销，是有战略战术的营销。

格局营销强调的是对营销大势的洞察和掌握，是站在山顶俯视的气度。营销格局有四度：市场高度、市场深度、市场角度、市场速度。

01　市场高度：要看得远；

02　市场深度：要看得细；

03　市场角度：要看得准；

04　市场速度：要看时机。

营销的方向感

营销首先要有方向感，方向感是目标抵达的路线判断。方向感既是营销的前置要素，又是营销的结果要素。方向感是方法的前提，也是方法的结果。方向感往往是单一的，不要有几个方向，而方法是多元的，任何一件事至少有三个方法实现。方向感是对综合环境和各类要素分析的结果，而方法是对具体问题处理方式的解决，一系列的方法堆积出方向感的结果。

01　趋势的方向感；
02　消费的方向感；
03　产品的方向感；
04　技术的方向感；
05　竞争的方向感；
06　格局的方向感。

营销的角度

事物始终是多角度的，由于角度的不一样，看到的东西就不一样，产生的想法也就不一样，做出的行为更不一样。因此，站在别人的角度思考问题时，大多数人都能够理解别人的行为和方式，总是站在自己主观的角度，就很容易陷入封闭的陷阱。要想解决问题、寻找出路，就必须多角度思考问题。对于营销来说，营销是建立在市场的基础之上的，是建立在消费者的基础之上的。营销只有一个角度，那就是站在别人的角度去思考。

01　站在消费者的角度思考；

02　站在零售商的角度思考；

03　站在经销商的角度思考；

04　站在合作者的角度思考；

05　站在市场的角度思考；

06　站在竞争的角度思考；

07　站在发展的角度思考；

08　站在趋势的角度思考。

营销的结构

系统营销力

营销，是一场没有硝烟的战争，既要确保战术性的胜利，又要确保战略性的胜利。如何从开始就占据营销的战略领先优势，如何在中场把握营销战略的主动优势，如何在后场成为笑到最后的胜利者——七度营销法则，建立立体营销战略思维。

01　战略高度看市场；
02　策略深度打市场；
03　切入角度做市场；
04　操作维度构市场；
05　管理精度管市场；
06　进入速度抢市场；
07　执行力度赢市场。

点式营销

以点成线，以线成面，以面成体。南方略咨询公司的系统营销咨询体系和解决方案营销体系不仅强调结构化的营销驱动，还强调在关键点上达成的营销体系。点式营销是系统营销和解决方案营销的基础和关键，是构建企业营销体系和客户满意需求的结构性关键点。就像立方体的八个角一样，每一个点就是一个增长点，每一个点就是一个爆破点，每一个点就是一个连接点。抓住了点，就抓住了关键；抓住了点，就抓住了本质。营销人，多抓几个点。

01　消费者的买点是什么？

02　企业的卖点的是什么？

03　市场的问题点是什么？

04　市场的难点是什么？

05　市场的关键点是什么

06　市场的机会是什么？

07　市场的突破点是什么？

08　市场的工作重点是什么？

九级营销

环境在变化，技术在变化，需求在变化，市场在变化，产品在变化，架构在变化，模式在变化。我们置身于变化的世界中，每天一微变，每年一小变，五年一中变，十年一大变，百年一聚变，营销变化今非昔比，日新月异。

01　生产观念；

02　产品观念；

03　推销观念；

04　4P观念；

05　营销观念；

06　整合营销观念；

07　社会营销观念；

08　互联网营销思维；

09　全营销体验观念。

十力合一

世界是由系统组成的，山、水、草、木、气、光……组成了一个地球系统，只有山不行，只有水也不行。营销也是由系统组成的，今天的中国市场，已经进入了相对成熟的阶段，可是很多企业还在想依靠某个点子、某个创意去开疆拓土。企业要有系统思维，营销要有系统思维。十力合一，系统营销，系统制胜。

01 战略力；
02 产品力；
03 价格力；
04 渠道力；
05 终端力；
06 推广力；
07 管理力；
08 服务力；
09 品牌力；
10 执行力。

从开端到终端

“决胜终端、终端为王、终端制胜”，做营销的人都知道。拼死拼活在终端做，真刀真枪在终端杀，前几年，这种方式有效，今天看来这种方式有些问题。随着商业结构和消费方式的变化，很多消费者都不到终端了，是时候调整营销思路了。营销有三端：开端、中端和终端。

决胜开端：做规划。深入洞察市场、目标人群、营销战略规划、产品策划、价格策划、渠道规划、动销计划、市场布局等一系列营销规划工作，未雨绸缪，策略制胜，不打无准备之仗，不冒无评估之风险，不怀“撞大运”之心。

制胜中端：管过程。从产品出门到消费购买的全过程管理，物流管理、人员管理、客户管理、陈列管理、推广管理、价格管理、市场管理、信息管理、执行管理……没有好的过程，一般不会有好的结果，市场是做出来的，市场是管出来的。

完胜终端：提销量。今天的终端概念要重新定义了，以前终端是指产品的销售交易的最后一站，各类零售终端。而今天，终端是指消费者，消费者就是终端。促发消费者的首次购买，促动消费者的持续购买，促进消费者的扩展购买，实现销售的大突破。

合作营销的八大协同

合作营销，是指厂家和经销商一起联手开发客户的营销行为，在工业品、大客户销售中比较常见。要做好合作营销，必须做好以下八大协同：

01　目标协同；
02　利益协同；
03　策略协同；
04　资源协同；
05　信息协同；
06　管理协同；
07　关系协同；
08　信任协同。

行业结构化思维

“云深不知处”“只缘身在此山中”，尽管我们身在其中，却难以了解事实的真相与全貌。营销也一样，不会因为在一个行业做的时间长，你就了解整个行业的全貌和本质。要了解一个行业，不但要讲做法，还要讲方法，方法比做法更重要，但大多数人停留在做法上，而忽略了营销的方法。这也是很多人做了很多年的营销，还没有系统化提升的原因。要想改变现状，就必须有结构化的思维，就必须研究行业的过去、现状和未来。

01 行业的规模；
02 行业的生命周期；
03 行业的占有率；
04 行业的增长率；
05 行业的厂家数量；
06 行业的集中度；
07 行业竞争核心要素；
08 行业的标杆；
09 行业的客户分类；
10 行业的消费方式。

新旧营销

技术的变革彻底颠覆了一切，甚至淘汰了时代的光鲜辉煌产品。历史不断重复上演推陈出新的商业大片，基于技术的公司始终处于淘汰和被淘汰的漩涡中。从手机行业来看，模拟机淘汰了BB机、数字机淘汰了模拟机、智能机淘汰了数字机，在以技术为核心的领域中，这样的案例层出不穷。今天，互联网技术的变革颠覆的不仅是产品，还是整个商业模式和商业基础构架，一切都有可能重新再来的迹象和趋势，一切都可以被重新想象和定义。

对于营销，互联网技术正在将营销划分为新营销和旧营销。新营销能否取代旧营销？旧营销能否持续发光？新营销如何运用到旧营销中？旧营销如何引入新营销？这是每一个营销者都应该思考的问题。

旧营销：基于4P（产品、价格、渠道、推广）为核心而延伸出来的营销体系，强调时空消费概念、强调目标客户群体、强调人员操作模式、强调市场运作体系。

新营销：基于互联网技术（体验、内容、免费、服务、用户）为基础而延伸出来的营销体系，强调无时空消费、强调消费体验、强调内容营销、强调免费产品、强调服务体系、强调用户群体。

大多数企业被挡在了新营销的门外，不是不懂互联网技术，而是对互联网技术的畏惧。新营销无须懂互联网技术，互联网技术是平台，互联网营销是舞台，营销是在技术之上，不在其中，更不在之下。新营销离不开旧营销，旧营销更离不开新营销，新旧融合。

营销的突破

用数字做营销

数字会说话，数字会行动。大数字要结果，而小数字要过程。用数字做营销，只有过程化的小数字，才可能会带来满意结果的大数字。加强营销小数字的管理和建设，提升营销的效率和质量，提高营销的精度和准度。

01　知晓率；
02　占有率；
03　购买率；
04　回头率；
05　介绍率；
06　周转率；
07　分销率；
08　人效率；
09　店效率；
10　单品率；
11　陈列率；
12　满意率。

互联网营销的关键词

互联网营销由于有了互联网这个平台，对于大多数传统企业来说，仿佛就是他们进入新营销时代的一个屏障和壁垒。实际上，互联网平台只是他们进入市场一层薄薄的纸和透明的面纱。互联网营销是建立在传统营销基础之上的，互联网营销本身对营销没有创新，而是总结了传统营销的精华。

01 产品为王；

02 用户体验；

03 用户参与；

04 口碑相传；

05 意见领袖；

06 圈层辐射；

07 单品爆破；

08 免费附加；

09 聚焦专注；

10 极致简约；

11 服务至上；

12 快速响应；

13 系统运营。

点上突破

营销有六点：优点、问题点、关键点、难点、机会点、工作重点。六点相互联系，相互递进。从点上突破、从点上发力，犹如穿针引线，需从针尖开始；撒网打鱼，需从网头开始。抓住了核心点，就抓住了市场的关键，就抓住了营销的本质。首先，优点，营销是做优势，而不是做劣势，必须找到我们的优点是什么。其次，找到阻碍市场发展的问题点，从问题点中分析市场的关键点，从关键点找到市场的难点，从难点中找到市场的机会点，从机会点中找到我们的工作重点。现实营销中，往往是找市场的舒适点，而忽略了用户、渠道商的痛点。

01　我们的优点是什么？

02　市场的问题点是什么？

03　市场的关键点是什么？

04　市场的难点是什么？

05　市场的机会点是什么？

06　营销的工作重点是什么？

再谈聚焦

今天风光无限的互联网企业，到处炫耀其互联网营销的思维和方式：用户体验、用户中心、简单、极致、快速、服务、粉丝、话题、圈子、互动等，仿佛他们掌握了最先进的营销方法与方式，让传统企业的人无所适从、望洋兴叹。

实际上，互联网企业的营销思维只是传统营销思维的提炼与总结，是传统营销思想的精华部分。相比发展上百年的传统营销思想，他们只是众多珍珠中比较闪亮的一颗而已。互联网营销充分体现了聚焦的思想和光芒，不论什么理论与方式，与聚焦相比，都会黯然失色。

01　聚焦你的内心；
02　聚焦你的方向；
03　聚焦你的客户；
04　聚焦你的市场；
05　聚焦你的资源；
06　聚焦你的目标；
07　聚焦你的人员；
08　聚焦你的产品；
09　聚焦你的价格；
10　聚焦你的终端；
11　聚焦你的价值；
12　聚焦你的买点；
13　聚焦你的服务。

被忽略的营销消费场景

4P理论（产品、价格、渠道、推广）对中国营销人影响太深，以至于凡谈营销必谈4P。尽管4P简明扼要地总结了营销操作的基本路径，但是4P本身却忽略了至关重要的核心营销要素——消费场景。没有消费场景的营销思考，导致太多的产品缺陷和营销缺陷，甚至让很多营销者不服气。任何一个产品，都是要置身于某种消费场景后，才能实现从产品到商品的过渡。

01 产品的消费对象；

02 产品的消费需求；

03 产品的消费时间；

04 产品的消费地点；

05 产品的消费氛围；

06 产品的消费伙伴。

营销的输赢

不要“瞎折腾”

大环境对中国企业有大影响：白酒行业“熄火了”、餐饮行业“门可罗雀了”、房地产行业“变天了”，还有很多行业“落水了”。过去我们时常夸大某个人的价值和作用，把他们吹捧为时代的天之骄子，仿佛是他们拯救了世界，而忽略环境的影响和趋势的变化。其实，每一个人都逃不脱自然界的规律，逃不脱大环境的笼罩。

现在的大环境，对某些行业来说，就是没有台风了。要想“继续飞”和想马上“起飞”的企业，一定要看自己有没有会飞的“翅膀”。什么是会飞的“翅膀”？完全市场竞争化的能力就是会飞的“翅膀”，是建立在对消费者、市场的深刻洞察和理解基础上的各项综合竞争能力。没有完全市场竞争的行业和市场，其实都是畸形市场，都不知道有没有“台风”的一天。

非营销性失败

营销是企业的起点，也是企业的终点。是起点，企业应基于营销来规划一切；是终点，企业应以营销业绩来实现一切。营销是企业核心的职能和目的，企业其余要素本应是营销的辅助和支持。遗憾的是，相当一部分企业将辅助手段变成了主要手段，将核心职能变成了支持职能，本末倒置，最终将企业的营销格局打乱。

01　营销业绩为设备服务；

02　营销业绩为厂房服务；

03　营销业绩为资本服务；

04　营销业绩为投资服务；

05　营销业绩为政绩服务；

06　营销业绩为资产服务；

07　营销业绩为融资服务。

九输九赢

胜败乃兵家常事，做营销也一样，有输也有赢，输赢不可怕，可怕的是不知道怎么输的，也不知道怎么赢的。知道怎么输的，终有赢的一天；不知道怎么赢的，终有输的一天。南方略咨询公司九输九赢，让你多赢少输、多赢不输。

01　搞推销会输，做营销将赢；

02　凭直觉会输，重调研将赢；

03　“拍脑袋”会输，有战略将赢；

04　“野路子”会输，好模式将赢；

05　拼价格会输，建品牌将赢；

06　等结果会输，管过程将赢；

07　搞业余会输，成职业将赢；

08　抓局部会输，构系统将赢；

09　靠摸索会输，会借鉴将赢。

推荐作者得新书！

博瑞森征稿启事

亲爱的读者朋友：

感谢您选择了博瑞森图书！希望您手中的这本书能给您带来实实在在的帮助！

博瑞森一直致力于发掘好作者、好内容，希望能把您最需要的思想、方法，一字一句地交到您手中，成为管理知识与管理实践的桥梁。

但是我们也知道，有很多深入企业一线、经验丰富、乐于分享的优秀专家，或者忙于实战没时间，或者缺少专业的写作指导和便捷的出版途径，只能茫然以待……

还有很多在竞争大潮中坚守的企业，有着异常宝贵的实践经验和独特的洞察，但缺少专业的记录和整理者，无法让企业的经验和故事被更多的人了解、学习……

对读者而言，这些都太遗憾了！

博瑞森非常希望能将这些埋藏的"宝藏"发掘出来，贡献给广大读者，让更多的人从中受益。

所以，我们真心地邀请您，我们的老读者，帮我们搜寻：

推荐作者

可以是您自己或您的朋友，只要对本土管理有实践、有思考；可以是您通过网络、杂志、书籍或其他途径了解的某位专家，不管名气大小，只要他的思想和方法曾让您深受启发。

可以是管理类作品，也可以超出管理，各类优秀的社科作品或学术作品。

推荐企业

可以是您自己所在的企业，或者是您熟悉的某家企业，其创业过程、运营经历、产品研发、机制创新，等等。无论企业大小，只要乐于分享、有值得借鉴书写之处。

总之，好内容就是一切！

博瑞森绝非"自费出书"，出版费用完全由我们承担。您推荐的作者或企业案例一经采用，我们会立刻向您赠送书币 1000 元，可直接换取任何博瑞森图书的纸书或电子书。

感谢您对本土管理原创、博瑞森图书的支持！

推荐投稿邮箱：bookgood@126.com

推荐手机：13611149991

1120 本土管理实践与创新论坛

这是由100多位本土管理专家联合创立的企业管理实践学术交流组织，旨在孵化本土管理思想、促进企业管理实践、加强专家间交流与协作。

论坛每年集中力量办好两件大事：第一，“**出一本书**”，汇聚一年的思考和实践，把最原创、最前沿、最实战的内容集结成册，贡献给读者；第二，“**办一次会**”，每年11月20日本土管理专家们汇聚一堂，碰撞思想、研讨案例、交流切磋、回馈社会。

论坛理事名单（以年龄为序，以示传承之意）

首届常务理事：

彭志雄　曾　伟　施　炜　杨　涛　张学军
郭　晓　程绍珊　胡八一　王祥伍　李志华
陈立云　杨永华

理　　事：

卢根鑫　王铁仁　周荣辉　曾令同　陆和平　宋杼宸
张国祥　刘承元　曹子祥　宋新宇　吴越舟　吴　坚
戴欣明　仲昭川　刘春雄　刘祖轲　段继东　何　慕
秦国伟　贺兵一　张小虎　郭　剑　余晓雷　黄中强
朱玉童　沈　坤　阎立忠　张　进　丁兴良　朱仁健
薛宝峰　史贤龙　卢　强　史幼波　叶敦明　王明胤
陈　明　岑立聪　方　刚　何足奇　周　俊　杨　奕
孙行健　孙嘉晖　张东利　郭富才　叶　宁　何　屹
沈　奎　王　超　马宝琳　谭长春　夏惊鸣　张　博
李洪道　胡浪球　孙　波　唐江华　程　翔　刘红明
杨鸿贵　伯建新　高可为　李　蓓　王春强　孔祥云
贾同领　罗宏文　史立臣　李政权　余　盛　陈小龙
尚　锋　邢　雷　余伟辉　李小勇　全怀周　初勇钢
陈　锐　高继中　聂志新　黄　屹　沈　拓　徐伟泽
谭洪华　崔自三　王玉荣　蒋　军　侯军伟　黄润霖

金国华　吴　之　葛新红　周　剑　崔海鹏　柏　龑
唐道明　朱志明　曲宗恺　杜　忠　远　鸣　范月明
刘文新　赵晓萌　张　伟　韩　旭　韩友诚　熊亚柱
孙彩军　刘　雷　王庆云　李少星　俞士耀　丁　昀
黄　磊　罗晓慧　伏泓霖　梁小平　鄢圣安

企业案例·老板传记			
	书名．作者	内容/特色	读者价值
企业案例·老板传记	**你不知道的加多宝：原市场部高管讲述** 曲宗恺　牛玮娜　著	前加多宝高管解读加多宝	全景式解读，原汁原味
	借力咨询：德邦成长背后的秘密 官同良　王祥伍　著	讲述德邦是如何借助咨询公司的力量进行自身与发展的	来自德邦内部的第一线资料，真实、珍贵，令人受益匪浅
	娃哈哈区域标杆：豫北市场营销实录 罗宏文　赵晓萌　等著	本书从区域的角度来写娃哈哈河南分公司豫北市场是怎么进行区域市场营销，成为娃哈哈全国第一大市场、全国增量第一高市场的一些操作方法	参考性、指导性，一线真实资料
	六个核桃凭什么：从0过100亿 张学军　著	首部全面揭秘养元六个核桃裂变式成长的巨著	学习优秀企业的成长路径，了解其背后的理论体系
	像六个核桃一样：打造畅销品的36个简明法则 王　超　范　萍　著	本书分上下两篇：包括"六个核桃"的营销战略历程和36条畅销法则	知名企业的战略历程极具参考价值，36条法则提供操作方法
	解决方案营销实战案例 刘祖轲　著	用10个真案例讲明白什么是工业品的解决方案式营销，实战、实用	有干货、真正操作过的才能写得出来
	招招见销量的营销常识 刘文新　著	如何让每一个营销动作都直指销量	适合中小企业，看了就能用
	我们的营销真案例 联纵智达研究院　著	五芳斋粽子从区域到全国/诺贝尔瓷砖门店销量提升/利豪家具出口转内销/汤臣倍健的营销模式	选择的案例都很有代表性，实在、实操！
	中国营销战实录：令人拍案叫绝的营销真案例 联纵智达　著	51个案例，42家企业，38万字，18年，累计2000余人次参与……	最真实的营销案例，全是一线记录，开阔眼界
	双剑破局：沈坤营销策划案例集 沈　坤　著	双剑公司多年来的精选案例解析集，阐述了项目策划中每一个营销策略的诞生过程，策划角度和方法	一线真实案例，与众不同的策划角度令人拍案叫绝、受益匪浅
	宗：一位制造业企业家的思考 杨　涛　著	1993年创业，引领企业平稳发展20多年，分享独到的心得体会	难得的一本老板分享经验的书
	简单思考：AMT咨询创始人自述 孔祥云　著	著名咨询公司（AMT）的CEO创业历程中点点滴滴的经验与思考	每一位咨询人，每一位创业者和管理经营者，都值得一读
	边干边学做老板 黄中强　著	创业20多年的老板，有经验、能写、又愿意分享，这样的书很少	处处共鸣，帮助中小企业老板少走弯路
	三四线城市超市如何快速成长：解密甘雨亭 IBMG国际商业管理集团　著	国内外标杆企业的经验+本土实践量化数据+操作步骤、方法	通俗易懂，行业经验丰富，宝贵的行业量化数据，关键思路和步骤
	中国首家未来超市：解密安徽乐城 IBMG国际商业管理集团　著	本书深入挖掘了安徽乐城超市的试验案例，为零售企业未来的发展提供了一条可借鉴之路	通俗易懂，行业经验丰富，宝贵的行业量化数据，关键思路和步骤

续表

互联网 +			
	书名．作者	内容/特色	读者价值
互联网 +	**企业微信营销全指导** 孙　巍　著	专门给企业看到的微信营销书，手把手教企业从小白到微信营销专家	企业想学微信营销现在还不晚，两眼一抹黑也不怕，有这本书就够
	企业网络营销这样做才对：B2B　大宗 B2C 张　进　著	简单直白拿来就用，各种窍门信手拈来，企业网络营销不麻烦也不用再头疼，一般人不告诉他	B2B、大宗 B2C 企业有福了，看了就能学会网络营销
	互联网时代的银行转型 韩友诚　著	以大量案例形式为读者全面展示和分析了银行的互联网金融转型应对之道	结合本土银行转型发展案例的书籍
	正在发生的转型升级·实践 本土管理实践与创新论坛　著	企业在快速变革期所展现出的管理变革新成果、新方法、新案例	重点突出对于未来企业管理相关领域的趋势研判
	触发需求：互联网新营销样本·水产 何足奇　著	传统产业都在苦闷中挣扎前行，本书通过鲜活的案例告诉你如何以需求链整合供应链，从而把大家熟知的传统行业打碎了重构、重做一遍	全是干货，值得细读学习，并且作者的理论已经经过了他亲自操刀的实践检验，效果惊人，就在书中全景展示
	移动互联新玩法：未来商业的格局和趋势 史贤龙　著	传统商业、电商、移动互联，三个世界并存，这种新格局的玩法一定要懂	看清热点的本质，把握行业先机，一本书搞定移动互联网
	微商生意经：真实再现 33 个成功案例操作全程 伏泓霖　罗晓慧　著	本书为 33 个真实案例，分享案例主人公在做微商过程中的经验教训	案例真实，有借鉴意义
	阿里巴巴实战运营——14 招玩转诚信通 聂志新　著	本书主要介绍阿里巴巴诚信通的十四个基本推广操作，从而帮助使用诚信通的用户及企业更好地提升业绩	基本操作，很多可以边学边用，简单易学
	今后这样做品牌：移动互联时代的品牌营销策略 蒋　军　著	与移动互联紧密结合，告诉你老方法还能不能用，新方法怎么用	今后这样做品牌就对了
	互联网 +“变”与“不变”：本土管理实践与创新论坛集萃·2016 本土管理实践与创新论坛　著	本土管理领域正在产生自己独特的理论和模式，尤其在移动互联时代，有很多新课题需要本土专家们一起研究	帮助读者拓宽眼界、突破思维
	创造增量市场：传统企业互联网转型之道 刘红明　著	传统企业需要用互联网思维去创造增量，而不是用电子商务去转移传统业务的存量	教你怎么在“互联网 +”的海洋中创造实实在在的增量
	重生战略：移动互联网和大数据时代的转型法则 沈　拓　著	在移动互联网和大数据时代，传统企业转型如同生命体打算与再造，称之为“重生战略”	帮助企业认清移动互联网环境下的变化和应对之道

续表

互联网+	画出公司的互联网进化路线图：用互联网思维重塑产品、客户和价值 李　蓓　著	18 个问题帮助企业一步步梳理出互联网转型思路	思路清晰、案例丰富，非常有启发性
	7 个转变，让公司 3 年胜出 李　蓓　著	消费者主权时代，企业该怎么办	这就是互联网思维，老板有能这样想，肯定倒不了
	跳出同质思维，从跟随到领先 郭　剑　著	66 个精彩案例剖析，帮助老板突破行业长期思维惯性	做企业竟然有这么多玩法，开眼界

行业类：零售、白酒、食品/快消品、农业、医药、建材家居等

书名．作者		内容/特色	读者价值
零售·超市·餐饮·服装	总部有多强大，门店就能走多远 IBMG 国际商业管理集团　著	如何把总部做强，成为门店的坚实后盾	了解总部建设的方法与经验
	超市卖场定价策略与品类管理 IBMG 国际商业管理集团　著	超市定价策略与品类管理实操案例和方法	拿来就能用的理论和工具
	连锁零售企业招聘与培训破解之道 IBMG 国际商业管理集团　著	围绕零售企业组织架构、培训体系建设等内容进行深刻探讨	破解人才发现和培养瓶颈的关键点
	中国首家未来超市：解密安徽乐城 IBMG 国际商业管理集团　著	介绍了乐城作为中国首家未来超市从无到有的传奇经历	了解新型零售超市的运作方式及管理特色
	三四线城市超市如何快速成长：解密甘雨亭 IBMG 国际商业管理集团　著	揭秘一家三四线连锁超市的经验策略	不但可以欣赏它的优点，而且可以学会它成功的方法
	涨价也能卖到翻 村松达夫　【日】	提升客单价的 15 种实用、有效的方法	日本企业在这方面非常值得学习和借鉴
	移动互联下的超市升级 联商网专栏频道　著	深度解析超市转型升级重点	帮助零售企业把握全局、看清方向
	手把手教你做专业督导：专卖店、连锁店 熊亚柱　著	从督导的职能、作用，在工作中需要的专业技能、方法，都提供了详细的解读和训练办法，同时附有大量的表单工具	无论是店铺需要统一培训，还是个人想成为优秀的督导，有这一本就够了
	百货零售全渠道营销策略 陈继展　著	没有照本宣科、说教式的絮叨，只有笔者对行业的认知与理解，庖丁解牛式的逐项解析、展开	通俗易懂，花极少的时间快速掌握该领域的知识及趋势
	零售：把客流变成购买力 丁　昀　著	如何通过不断升级产品和体验式服务来经营客流	如何进行体验营销，国外的好经营，这方面有启发

续表

零售·超市·餐饮·服装	**餐饮企业经营策略第一书** 吴　坚　著	分别从产品、顾客、市场、盈利模式等几个方面,对现阶段餐饮企业的发展提出策略和思路	第一本专业的、高端的餐饮企业经营指导书
	电影院的下一个黄金十年:开发·差异化·案例 李保煜　著	对目前电影院市场存大的问题及如何解决进行了探讨与解读	多角度了解电影院运营方式及代表性案例
	赚不赚钱靠店长:从懂管理到会经营 孙彩军　著	通过生动的案例来进行剖析,注重门店管理细节方面的能力提升	帮助终端门店店长在管理门店的过程中实现经营思路的拓展与突破
耐消品	**商用汽车经销商经营实战** 杜建君　王朝阳　章晓青　等著	从管理到经营,从销售到服务,系统化运作全指导	为经销商经营开阔思路,掌握方法
	汽车配件这样卖:汽车后市场销售秘诀100条 俞士耀　著	汽配销售业务员必读,手把手教授最实用的方法,轻松得来好业绩	快速上岗,专业实效,业绩无忧
	跟行业老手学经销商开发与管理:家电、耐消品、建材家居 黄润霖　著	全部来源于经销商管理的一线问题,作者用丰富的经验将每一个问题落实到最便捷快速的操作方法上去	书中每一个问题都是普通营销人亲口提出的,这些问题你也会遇到,作者进行的解答则精彩实用
白酒	**白酒到底如何卖** 赵海永　著	以市场实战为主,多层次、全方位、多角度地阐释了白酒一线市场操作的最新模式和方法,接地气	实操性强,37个方法、6大案例帮你成功卖酒
	变局下的白酒企业重构 杨永华　著	帮助白酒企业从产业视角看清趋势,找准位置,实现弯道超车的书	行业内企业要减少90%,自己在什么位置,怎么做,都清楚了
	1. 白酒营销的第一本书(升级版) **2. 白酒经销商的第一本书** 唐江华　著	华泽集团湖南开口笑公司品牌部长,擅长酒类新品推广、新市场拓展	扎根一线,实战
	区域型白酒企业营销必胜法则 朱志明　著	为区域型白酒企业提供35条必胜法则,在竞争中赢销的葵花宝典	丰富的一线经验和深厚积累,实操实用
	10步成功运作白酒区域市场 朱志明　著	白酒区域操盘者必备,掌握区域市场运作的战略、战术、兵法	在区域市场的攻伐防守中运筹帷幄,立于不败之地
	酒业转型大时代:微酒精选2014－2015 微酒　主编	本书分为五个部分:当年大事件、那些酒业营销工具、微酒独立策划、业内大调查和十大经典案例	了解行业新动态、新观点,学习营销方法
快消品·食品	**这样打造快消品标杆市场** 罗宏文　著	帮助你解决如何成功打造标杆市场和进行持续增量管理两大问题	一套系统的方法论,通俗易懂,可以直接套用
	5小时读懂快消品营销:中国快消品案例观察 陈海超　著	多年营销经验的一线老手把案例掰开了、揉碎了,从中得出的各种手段和方法给读者以帮助和启发	营销那些事儿的个中秘辛,求人还不一定告诉你,这本书里就有

续表

快消品·食品	**快消品招商的第一本书：从入门到精通** 刘　雷　著	深入浅出，不说废话，有工具方法，通俗易懂	让零基础的招商新人快速学习书中最实用的招商技能，成长为骨干人才
	乳业营销第一书 侯军伟　著	对区域乳品企业生存发展关键性问题的梳理	唯一的区域乳业营销书，区域乳品企业一定要看
	食用油营销第一书 余　盛　著	10 多年油脂企业工作经验，从行业到具体实操	食用油行业第一书，当之无愧
	中国茶叶营销第一书 柏　龑　著	如何跳出茶行业"大文化小产业"的困境，作者给出了自己的观察和思考	不是传统做茶的思路，而是现在商业做茶的思路
	调味品营销第一书 陈小龙　著	国内唯一一本调味品营销的书	唯一的调味品营销的书，调味品的从业者一定要看
	快消品营销人的第一本书：从入门到精通 刘　雷　伯建新　著	快消行业必读书，从入门到专业	深入细致，易学易懂
	变局下的快消品营销实战策略 杨永华　著	通胀了，成本增加，如何从被动应战变成主动的"系统战"	作者对快消品行业非常熟悉、非常实战
	快消品经销商如何快速做大 杨永华　著	本书完全从实战的角度，评述现象，解析误区，揭示原理，传授方法	为转型期的经销商提供了解决思路，指出了发展方向
	一位销售经理的工作心得 蒋　军　著	一线营销管理人员想提升业绩却无从下手时，可以看看这本书	一线的真实感悟
	快消品营销：一位销售经理的工作心得 2 蒋　军　著	快消品、食品饮料营销的经验之谈，重点图书	来源与实战的精华总结
	快消品营销与渠道管理 谭长春　著	将快消品标杆企业渠道管理的经验和方法分享出来	可口可乐、华润的一些具体的渠道管理经验，实战
	成为优秀的快消品区域经理（升级版） 伯建新　著	用"怎么办"分析区域经理的工作关键点，增加 30% 全新内容，更贴近环境变化	可以作为区域经理的"速成催化器"
	销售轨迹：一位快消品营销总监的拼搏之路 秦国伟　著	本书讲述了一个普通销售员打拼成为跨国企业营销总监的真实奋斗历程	激励人心，给广大销售员以力量和鼓舞
	快消老手都在这样做：区域经理操盘锦囊 方　刚　著	非常接地气，全是多年沉淀下来的干货，丰富的一线经验和实操方法不可多得	在市场摸爬滚打的"老油条"，那些独家绝招妙招一般你问都是问不来的
	动销四维：全程辅导与新品上市 高继中　著	从产品、渠道、促销和新品上市详细讲解提高动销的具体方法，总结作者 18 年的快消品行业经验，方法实操	内容全面系统，方法实操

续表

农业	**新农资如何换道超车** 刘祖轲　等著	从农业产业化、互联网转型、行业营销与经营突破四个方面阐述如何让农资企业占领先机、提前布局	南方略专家告诉你如何应对资源浪费、生产效率低下、产能严重过剩、价格与价值严重扭曲等
	中国牧场管理实战：畜牧业、乳业必读 黄剑黎　著	本书不仅提供了来自一线的实际经验，还收入了丰富的工具文档与表单	填补空白的行业必读作品
	中小农业企业品牌战法 韩　旭　著	将中小农业企业品牌建设的方法，从理论讲到实践，具有指导性	全面把握品牌规划，传播推广，落地执行的具体措施
	农资营销实战全指导 张　博　著	农资如何向"深度营销"转型，从理论到实践进行系统剖析，经验资深	朴实、使用！不可多得的农资营销实战指导
	农产品营销第一书 胡浪球　著	从农业企业战略到市场开拓、营销、品牌、模式等	来源于实践中的思考，有启发
	变局下的农牧企业9大成长策略 彭志雄　著	食品安全、纵向延伸、横向联合、品牌建设……	唯一的农牧企业经营实操的书，农牧企业一定要看
医药	**在中国，医药营销这样做：时代方略精选文集** 段继东　主编	专注于医药营销咨询15年，将医药营销方法的精华文章合编，深入全面	可谓医药营销领域的顶尖著作，医药界读者的必读书
	医药新营销：制药企业、医药商业企业营销模式转型 史立臣　著	医药生产企业和商业企业在新环境下如何做营销？老方法还有没有用？如何寻找新方法？新方法怎么用？本书给你答案	内容非常现实接地气，踏实谈问题说方法
	医药企业转型升级战略 史立臣　著	药企转型升级有5大途径，并给出落地步骤及风险控制方法	实操性强，有作者个人经验总结及分析
	新医改下的医药营销与团队管理 史立臣　著	探讨新医改对医药行业的系列影响和医药团队管理	帮助理清思路，有一个框架
	医药营销与处方药学术推广 马宝琳　著	如何用医学策划把"平民产品"变成"明星产品"	有真货、讲真话的作者，堪称处方药营销的经典！
	新医改，医药企业如何应对行业洗牌 林延君　沈　斌　著	一方面，围绕着变革，多角度阐述药企的应对之道；另一方面，紧扣实践，介绍近百家医药企业创新实践案例	医改变革10年，医药企业如何应对大洗牌？重磅出击的药企人必读书
	新医改了，药店就要这样开 尚　锋　著	药店经营、管理、营销全攻略	有很强的实战性和可操作性
	电商来了，实体药店如何突围 尚　锋　著	电商崛起，药店该如何突围？本书从促销、会员服务、专业性、客单价等多重角度给出了指导方向	实战攻略，拿来就能用
	OTC医药代表药店销售36计 鄢圣安　著	以《三十六计》为线，写OTC医药代表向药店销售的一些技巧与策略	案例丰富，生动真实，实操性强

续表

医药	**OTC 医药代表药店开发与维护** 鄢圣安　著	要做到一名专业的医药代表,需要做什么、准备什么、知识储备、操作技巧等	医药代表药店拜访的指导手册,手把手教你快速上手
	引爆药店成交率 1:店员导购实战 范月明　著	一本书解决药店导购所有难题	情景化、真实化、实战化
	引爆药店成交率 2:经营落地实战 范月明　著	最接地气的经营方法全指导	揭示了药店经营的几类关键问题
	引爆药店成交率:专业化销售解决方案 范月明　著	药品搭配分析与关联销售	为药店人专业化助力
建材家居	**成为最赚钱的家具建材经销商** 李治江　著	从销售模式、产品、门店等老板们最关注和最需要的方面解决问题、提供方法	只要你是建材、家具、家居用品的经销商老板,这就是一本必读的书
	家具行业操盘手 王献永　著	家具行业问题的终结者	解决了干家具还有没有前途?为什么同城多店的家具经销商很难做大做强等问题
	建材家居营销:除了促销还能做什么 孙嘉晖　著	一线老手的深度思考,告诉你在建材家居营销模式基本停滞的今天,除了促销,营销还能怎么做	给你的想法一场革命
	建材家居营销实务 程绍珊　杨鸿贵　主编	价值营销运用到建材家居,每一步都让客户增值	有自己的系统、实战
	建材家居门店销量提升 贾同领　著	店面选址、广告投放、推广助销、空间布局、生动展示、店面运营等	门店销量提升是一个系统工程,非常系统、实战
	10 步成为最棒的建材家居门店店长 徐伟泽　著	实际方法易学易用,让员工能够迅速成长,成为独当一面的好店长	只要坚持这样干,一定能成为好店长
	手把手帮建材家居导购业绩倍增:成为顶尖的门店店员 熊亚柱　著	生动的表现形式,让普通人也能成为优秀的导购员,让门店业绩长红	读着有趣,用着简单,一本在手、业绩无忧
	建材家居经销商实战 42 章经 王庆云　著	告诉经销商:老板怎么当、团队怎么带、生意怎么做	忠言逆耳,看着不舒服就对了,实战总结,用一招半式就值了
工业品	**销售是门专业活:B2B 、工业品** 陆和平　著	销售流程就应该跟着客户的采购流程和关注点的变化向前推进,将一个完整的销售过程分成十个阶段,提供具体方法	销售不是请客吃饭拉关系,是个专业的活计!方法在手,走遍天下不愁
	解决方案营销实战案例 刘祖轲　著	用 10 个真案例讲明白什么是工业品的解决方案式营销,实战、实用	有干货、真正操作过的才能写得出来
	变局下的工业品企业 7 大机遇 叶敦明　著	产业链条的整合机会、盈利模式的复制机会、营销红利的机会、工业服务商转型机会……	工业品企业还可以这样做,思维大突破

续表

工业品	**工业品市场部实战全指导** 杜　忠　著	工业品市场部经理工作内容全指导	系统、全面、有理论、有方法,帮助工业品市场部经理更快提升专业能力
	工业品营销管理实务 李洪道　著	中国特色工业品营销体系的全面深化、工业品营销管理体系优化升级	工具更实战,案例更鲜活,内容更深化
	工业品企业如何做品牌 张东利　著	为工业品企业提供最全面的品牌建设思路	有策略、有方法、有思路、有工具
	丁兴良讲工业 4.0 丁兴良　著	没有枯燥的理论和说教,用朴实直白的语言告诉你工业 4.0 的全貌	工业 4.0 是什么? 本书告诉你答案
	资深大客户经理:策略准,执行狠 叶敦明　著	从业务开发、发起攻势、关系培育、职业成长四个方面,详述了大客户营销的精髓	满满的全是干货
	一切为了订单:订单驱动下的工业品营销实战 唐道明　著	其实,所有的企业都在围绕着两个字在开展全部的经营和管理工作,那就是“订单”	开发订单、满足订单、扩大订单。本书全是实操方法,字字珠玑、句句干货,教你获得营销的胜利
金融	**交易心理分析** (美)马克·道格拉斯　著 刘真如　译	作者一语道破赢家的思考方式,并提供了具体的训练方法	不愧是投资心理的第一书,绝对经典
	精品银行管理之道 崔海鹏　何　屹　主编	中小银行转型的实战经验总结	中小银行的教材很多,实战类的书很少,可以看看
	支付战争 Eric M. Jackson　著 徐　彬　王　晓　译	PayPal 创业期营销官,亲身讲述 PayPal 从诞生到壮大到成功出售的整个历史	激烈、有趣的内幕商战故事! 了解美国支付市场的风云巨变
	中外并购名著专业阅读指南 叶兴平　等著	在 5000 多本并购类图书中精选的 200 著作,在阅读的基础上写的读书评价	精挑细选 200 本并一一评介,省去读者挑选的烦恼,快捷、高效
	互联网时代的银行转型 韩友诚　著	以大量案例形式为读者全面展示和分析了银行的互联网金融转型应对之道	结合本土银行转型发展案例的书籍
房地产	**产业园区/产业地产规划、招商、运营实战** 阎立忠　著	目前中国第一本系统解读产业园区和产业地产建设运营的实战宝典	从认知、策划、招商到运营全面了解地产策划
	人文商业地产策划 戴欣明　著	城市与商业地产战略定位的关键是不可复制性,要发现独一无二的“味道”	突破千城一面的策划困局
	电影院的下一个黄金十年:开发·差异化·案例 李保煜　著	对目前电影院市场存大的问题及如何解决进行了探讨与解读	多角度了解电影院运营方式及代表性案例
能源	**全能型班组:城市能源互联网与电力班组升级** 国网天津市电力公司　编著	借鉴国内外优秀企业的转型升级思路,通过对于新型班组组织模式和运行机制的大胆设想,力图构建充分适应内外环境变化的全能型班组	看看庞大的国企在新环境下是如何顺应时代的
	国网天津电力全能型班组建设实务 国网天津市电力公司　编著	本书聚焦于天津电力公司在探索全能型班组转型升级时的优秀实践	电力行业的班组实践,具体、可操作性强

续表

经营类:企业如何赚钱,如何抓机会,如何突破,如何"开源"			
	书名.作者	内容/特色	读者价值
抓方向	**让经营回归简单.升级版** 宋新宇　著	化繁为简抓住经营本质:战略、客户、产品、员工、成长	经典,做企业就这几个关键点!
	混沌与秩序Ⅰ:变革时代企业领先之道 **混沌与秩序Ⅱ:变革时代管理新思维** 彭剑锋　尚艳玲　主编	汇集华夏基石专家团队10年来研究成果,集中选择了其中的精华文章编纂成册	作者都是既有深厚理论积淀又有实践经验的重磅专家,为中国企业和企业家的未来提出了高屋建瓴的观点
	活系统:跟任正非学当老板 孙行健　尹　贤　著	以任正非的独到视角,教企业老板如何经营公司	看透公司经营本质,激活企业活力
	重构:快消品企业重生之道 杨永华　著	从7个角度,帮助企业实现系统性的改造	提供转型思想与方法,值得参考
	公司由小到大要过哪些坎 卢　强　著	老板手里的一张"企业成长路线图"	现在我在哪儿,未来还要走哪些路,都清楚了
	企业二次创业成功路线图 夏惊鸣　著	企业曾经抓住机会成功了,但下一步该怎么办?	企业怎样获得第二次成功,心里有个大框架了
	老板经理人双赢之道 陈　明　著	经理人怎养选平台、怎么开局,老板怎样选/育/用/留	老板生闷气,经理人牢骚大,这次知道该怎么办了
	简单思考:AMT咨询创始人自述 孔祥云　著	著名咨询公司(AMT)的CEO创业历程中点点滴滴的经验与思考	每一位咨询人,每一位创业者和管理经营者,都值得一读
	企业文化的逻辑 王祥伍　黄健江　著	为什么企业绩效如此不同,解开绩效背后的文化密码	少有的深刻,有品质,读起来很流畅
	使命驱动企业成长 高可为　著	钱能让一个人今天努力,使命能让一群人长期努力	对于想做事业的人,'使命'是绕不过去的
思维突破	**盈利原本就这么简单** 高可为　著	从财务的角度揭示企业盈利的秘密	多方面解读商业模式与盈利的关系,通俗易懂,受益匪浅
	移动互联新玩法:未来商业的格局和趋势 史贤龙　著	传统商业、电商、移动互联,三个世界并存,这种新格局的玩法一定要懂	看清热点的本质,把握行业先机,一本书搞定移动互联网
	画出公司的互联网进化路线图:用互联网思维重塑产品、客户和价值 李　蓓　著	18个问题帮助企业一步步梳理出互联网转型思路	思路清晰、案例丰富,非常有启发性
	重生战略:移动互联网和大数据时代的转型法则 沈　拓　著	在移动互联网和大数据时代,传统企业转型如同生命体打算与再造,称之为"重生战略"	帮助企业认清移动互联网环境下的变化和应对之道
	创造增量市场:传统企业互联网转型之道 刘红明　著	传统企业需要用互联网思维去创造增量,而不是用电子商务去转移传统业务的存量	教你怎么在"互联网+"的海洋中创造实实在在的增量

续表

思维突破	**7个转变,让公司3年胜出** 李　蓓　著	消费者主权时代,企业该怎么办	这就是互联网思维,老板有能这样想,肯定倒不了
	跳出同质思维,从跟随到领先 郭　剑　著	66个精彩案例剖析,帮助老板突破行业长期思维惯性	做企业竟然有这么多玩法,开眼界
	麻烦就是需求　难题就是商机 卢根鑫　著	如何借助客户的眼睛发现商机	什么是真商机,怎么判断、怎么抓,有借鉴
	互联网+"变"与"不变":本土管理实践与创新论坛集萃·2016 本土管理实践与创新论坛　著	加速本土管理思想的孕育诞生,促进本土管理创新成果更好地服务企业、贡献社会	各个作者本年度最新思想,帮助读者拓宽眼界、突破思维
	消费升级:实践　研究(文集) 本土管理实践与创新论坛　著	38位管理专家及7位学者的精华思想,从经营、管理、行业及思想研究四个方面阐述中国企业在消费升级下的实践与研究	思想启发,行业借鉴
财务	**写给企业家的公司与家庭财务规划——从创业成功到富足退休** 周荣辉　著	本书以企业的发展周期为主线,写各阶段企业与企业主家庭的财务规划	为读者处理人生各阶段企业与家庭的财务问题提供建议及方法,让家庭成员真正享受财富带来的益处
	互联网时代的成本观 程　翔　著	本书结合互联网时代提出了成本的多维观,揭示了多维组合成本的互联网精神和大数据特征,论述了其产生背景、实现思路和应用价值	在传统成本观下为盈利的业务,在新环境下也许就成为亏损业务。帮助管理者从新的角度来看待成本,进一步做好精益管理

管理类:效率如何提升,如何实现经营目标,如何"节流"

	书名.作者	内容/特色	读者价值
通用管理	**让管理回归简单·升级版** 宋新宇　著	从目标、组织、决策、授权、人才和老板自己层面教你怎样做管理	帮助管理抓住管理的要害,让管理变得简单
	让经营回归简单·升级版 宋新宇　著	从战略、客户、产品、员工、成长、经营者自身等七个方面,归纳总结出简单有效的经营法则	总结出的真正优秀企业的成功之道:简单
	让用人回归简单 宋新宇　著	从用人的原则、用人的难题与误区、用人的方法和用人者的修炼四大方面,总结出适合中小企业做好人才管理工作的法则	帮助管理者抓住用人的要害,让用人变得简单
	历史深处的管理智慧1:组织建设与用人之道 刘文瑞　著	对历史之典故、政事、人事、政制进行管理解析,鉴照企业人才的选用育留	推动理论与实践的对接,实现理性与情感的渗透,用中国话语说明管理智慧
	历史深处的管理智慧2:战略决策与经营运作 刘文瑞 著	对历史之典故、政事、人事、政制进行管理解析,鉴照企业战略设计与经营实践	推动理论与实践的对接,实现理性与情感的渗透,用中国话语说明管理智慧

续表

通用管理	**历史深处的管理智慧3:领导修炼与文化素养** 刘文瑞　著	对历史之典故、政事、人事、政制进行管理解析,鉴照企业领导职业能力提升与文化修养	推动理论与实践的对接,实现理性与情感的渗透,用中国话语说明管理智慧
	管理的尺度 刘文瑞　著	对管理中的种种普遍性问题进行了批评	提高把握管理尺度的能力
	管理学在中国 刘文瑞　著	系统性介绍了管理学在中国的发展和演变	了解管理学在中国的发展脉络,更清晰理解管理学的本质
	管理:以规则驾驭人性 王春强　著	详细解读企业规则的制定方法	从人与人博弈角度提升管理的有效性
	员工心理学超级漫画版 邢　雷　著	以漫画的形式深度剖析员工心理	帮助管理者更了解员工,从而更轻松地管理员工
	老板有想法,高层有干法:企业中的将、帅之道 王清华　著	深入剖析老板与高管的异同	各司其职,各行其是,相辅相成
	分股合心:股权激励这样做 段磊　周剑　著	通过丰富的案例,详细介绍了股权激励的知识和实行方法	内容丰富全面、易读易懂,了解股权激励,有这一本就够了
	边干边学做老板 黄中强　著	创业20多年的老板,有经验、能写、又愿意分享,这样的书很少	处处共鸣,帮助中小企业老板少走弯路
	成为敏感而体贴的公司 王　涛　著	本书为作者对企业的观察和冥想的随笔记录。从生活中的一个现象入手,进而探索现象背后的本质	从全新角度认识公司
	中国企业的觉醒:正直 善良 成长 王　涛　著	围绕着企业人如何发生转化展开,对中国人、中国文化及由此导致的企业现状的观察和思考	企业除了要利润,还需要道德
	有意识的思考:轻松化解问题的7个思考习惯 王　涛　著	本书是对思想、思考过程、思考方式进行的细致观察	养成好的思考习惯,更深刻地看问题
	中国式阿米巴落地实践之从交付到交易 胡八一　著	本书主要讲述阿米巴经营会计,“从交付到交易”,这是成功实施了阿米巴的标志	阿米巴经营会计的工作是有逻辑关联的,一本书就能搞定
	中国式阿米巴落地实践之激活组织 胡八一　著	重点讲解如何科学划分阿米巴单元,阐述划分的实操要领、思路、方法、技术与工具	最大限度减少“推行风险”和“摸索成本”,利于公司成功搭建适合自身的个性化阿米巴经营体系
	集团化企业阿米巴实战案例 初勇钢　著	一家集团化企业阿米巴实施案例	指导集团化企业系统实施阿米巴
	阿米巴经营的中国模式 李志华　著	让员工从“要我干”到“我要干”,价值量化出来	阿米巴在企业如何落地,明白思路了
	欧博心法:好管理靠修行 曾　伟　著	用佛家的智慧,深刻剖析管理问题,见解独到	如果真的有‘中国式管理’,曾老师是其中标志性人物
	领导这样点燃你的下属 孟广桥　著	领导者如何才能让员工积极主动地工作?如何让你的员工和下属保持工作的热情,自动自发?看了这本书就知道	只要你希望手下的"兵将"永远充满工作的斗志,这本书将使你获益良多

续表

流程管理	**1. 用流程解放管理者** **2. 用流程解放管理者 2** 张国祥　著	中小企业阅读的流程管理、企业规范化的书	通俗易懂，理论和实践的结合恰到好处
	跟我们学建流程体系 陈立云　著	畅销书《跟我们学做流程管理》系列，更实操，更细致，更深入	更多地分享实践，分享感悟，从实践总结出来的方法论
质量管理	IATF16949 **质量管理体系详解与案例文件汇编**：TS16949 **转版** IATF16949：2016 谭洪华　著	针对 IATF 的新标准做了详细的解说，同时指出了一些推行中容易犯的错误，提供了大量的表单、案例	案例、表单丰富，拿来就用
	五大质量工具详解及运用案例：APQP/FMEA/PPAP/MSA/SPC 谭洪华　著	对制造业必备的五大质量工具中每个文件的制作要求、注意事项、制作流程、成功案例等进行了解读	通俗易懂、简便易行，能真正实现学以致用
	ISO9001：2015 新版质量管理体系详解与案例文件汇编 谭洪华　著	紧密围绕 2015 年新版质量管理体系文件逐条详细解读，并提供可以直接套用的案例工具，易学易上手	企业质量管理认证、内审必备
	ISO14001：2015 新版环境管理体系详解与案例文件汇编 谭洪华　著	紧密围绕 2015 年新版环境管理体系文件逐条详细解读，并提供可以直接套用的案例工具，易学易上手	企业环境管理认证、内审必备
	SA8000：2014 社会责任管理体系认证实战 吕　林　著	作者根据自己的操作经验，按认证的流程，以相关案例进行说明 SA8000 认证体系	简单，实操性强，拿来就能用
	精益质量管理实战工具 贺小林　著	制造类企业日常工作中所需要的精益管理工具的归纳整理，并进行案例操作的细致分析	可以直接参考，实际解决生产中的具体问题
战略落地	**重生——中国企业的战略转型** 施　炜　著	从前瞻和适用的角度，对中国企业战略转型的方向、路径及策略性举措提出了一些概要性的建议和意见	对企业有战略指导意义
	公司大了怎么管：从靠英雄到靠组织 AMT 金国华　著	第一次详尽阐释中国快速成长型企业的特点、问题及解决之道	帮助快速成长型企业领导及管理团队理清思路，突破瓶颈
	低效会议怎么改：每年节省一半会议成本的秘密 AMT 王玉荣　著	教你如何系统规划公司的各级会议，一本工具书	教会你科学管理会议的办法
	年初订计划，年尾有结果：战略落地七步成诗 AMT 郭晓　著	7 个步骤教会你怎么让公司制定的战略转变为行动	系统规划，有效指导计划实现

续表

人力资源	**HRBP 是这样炼成的之"菜鸟起飞"** 新　海　著	以小说的形式，具体解析 HRBP 的职责，应该如何操作，如何为业务服务	实践者的经验分享，内容实务具体，形式有趣
	HRBP 是这样炼成的之中级修炼 新　海　著	本书以案例故事的方式，介绍了 HRBP 在实际工作中碰到的问题和挑战	书中的 HR 解决方案讲究因时因地制宜、简单有效的原则，重在启发读者思路，可供各类企业 HRBP 借鉴
	HRBP 是这样炼成的之高级修炼 新　海　著	以故事的形式，展现了 HRBP 工作者在职业发展路上的层层深入和递进	为读者提供 HRBP 在实际工作中遇到种种问题的解决方案
	把面试做到极致：首席面试官的人才甄选法 孟广桥　著	作者用自己几十年的人力资源经验总结出的一套实用的确定岗位招聘标准、提升面试官技能素质的简便方法	面试官必备，没有空泛理论，只有巧妙的实操技能
	人力资源体系与 e－HR 信息化建设 刘书生　陈　莹　王美佳　著	将作者经历的人力资源管理变革、人力资源管理信息化咨询项目方法论、工具和成果全面展现给读者，使大家能够将其快速应用到管理实践中	系统性非常强，没有废话，全部是浓缩的干货
	回归本源看绩效 孙　波　著	让绩效回顾"改进工具"的本源，真正为企业所用	确实是来源于实践的思考，有共鸣
	世界 500 强资深培训经理人教你做培训管理 陈　锐　著	从 7 大角度具体细致地讲解了培训管理的核心内容	专业、实用、接地气
	曹子祥教你做激励性薪酬设计 曹子祥　著	以激励性为指导，系统性地介绍了薪酬体系及关键岗位的薪酬设计模式	深入浅出，一本书学会薪酬设计
	曹子祥教你做绩效管理 曹子祥　著	复杂的理论通俗化，专业的知识简单化，企业绩效管理共性问题的解决方案	轻松掌握绩效管理
	把招聘做到极致 远　鸣　著	作为世界 500 强高级招聘经理，作者数十年招聘经验的总结分享	带来职场思考境界的提升和具体招聘方法的学习
	人才评价中心．超级漫画版 邢　雷　著	专业的主题，漫画的形式，只此一本	没想到一本专业的书，能写成这效果
	走出薪酬管理误区 全怀周　著	剖析薪酬管理的 8 大误区，真正发挥好枢纽作用	值得企业深读的实用教案
	集团化人力资源管理实践 李小勇　著	对搭建集团化的企业很有帮助，务实，实用	最大的亮点不是理论，而是结合实际的深入剖析
	我的人力资源咨询笔记 张　伟　著	管理咨询师的视角，思考企业的 HR 管理	通过咨询师的眼睛对比很多企业，有启发
	本土化人力资源管理 8 大思维 周　剑　著	成熟 HR 理论，在本土中小企业实践中的探索和思考	对企业的现实困境有真切体会，有启发

续表

企业文化	**36 个拿来就用的企业文化建设工具** 海融心胜　主编	数十个工具,为了方便拿来就用,每一个工具都严格按照工具属性、操作方法、案例解读划分,实用、好用	企业文化工作者的案头必备书,方法都在里面,简单易操作
	企业文化建设超级漫画版 邢　雷　著	以漫画的形式系统教你企业文化建设方法	轻松易懂好操作
	华夏基石方法:企业文化落地本土实践 王祥伍　谭俊峰　著	十年积累、原创方法、一线资料,和盘托出	在文化落地方面真正有洞察,有实操价值的书
	企业文化的逻辑 王祥伍　著	为什么企业之间如此不同,解开绩效背后的文化密码	少有的深刻,有品质,读起来很流畅
	企业文化激活沟通 宋杼宸　安　琪　著	透过新任 HR 总经理的眼睛,揭示出沟通与企业文化的关系	有实际指导作用的文化落地读本
	在组织中绽放自我:从专业化到职业化 朱仁健　王祥伍　著	个人如何融入组织,组织如何助力个人成长	帮助企业员工快速认同并投入到组织中去,为企业发展贡献力量
	企业文化定位·落地一本通 王明胤　著	把高深枯燥的专业理论创建成一套系统化、实操化、简单化的企业文化缔造方法	对企业文化不了解,不会做?有这一本从概念到实操,就够了
生产管理	**精益思维:中国精益如何落地** 刘承元　著	笔者二十余年企业经营和咨询管理的经验总结	中国企业需要灵活运用精益思维,推动经营要素与管理机制的有机结合,推动企业管理向前发展
	300 张现场图看懂精益 5S 管理 乐　涛　编著	5S 现场实操详解	案例图解,易懂易学
	高员工流失率下的精益生产 余伟辉　著	中国的精益生产必须面对和解决高员工流失率问题	确实来源于本土的工厂车间,很务实
	车间人员管理那些事儿 岑立聪　著	车间人员管理中处理各种“疑难杂症”的经验和方法	基层车间管理者最闹心、头疼的事,‘打包’解决
	1. 欧博心法:好管理靠修行 **2. 欧博心法:好工厂这样管** 曾　伟　著	他是本土最大的制造业管理咨询机构创始人,他从 400 多个项目、上万家企业实践中锤炼出的欧博心法	中小制造型企业,一定会有很强的共鸣
	欧博工厂案例 1:生产计划管控对话录 **欧博工厂案例 2:品质技术改善对话录** **欧博工厂案例 3:员工执行力提升对话录** 曾　伟　著	最典型的问题、最详尽的解析,工厂管理 9 大问题 27 个经典案例	没想到说得这么细,超出想象,案例很典型,照搬都可以了
	工厂管理实战工具 欧博企管　编著	以传统文化为核心的管理工具	适合中国工厂

续表

生产管理	**苦中得乐:管理者的第一堂必修课** 曾　伟　编著	曾伟与师傅大愿法师的对话,佛学与管理实践的碰撞,管理禅的修行之道	用佛学最高智慧看透管理
	比日本工厂更高效1:管理提升无极限 刘承元　著	指出制造型企业管理的六大积弊;颠覆流行的错误认知;掌握精益管理的精髓	每一个企业都有自己不同的问题,管理没有一剑封喉的秘笈,要从现场、现物、现实出发
	比日本工厂更高效2:超强经营力 刘承元　著	企业要获得持续盈利,就要开源和节流,即实现销售最大化,费用最小化	掌握提升工厂效率的全新方法
	比日本工厂更高效3:精益改善力的成功实践 刘承元　著	工厂全面改善系统有其独特的目的取向特征,着眼于企业经营体质(持续竞争力)的建设与提升	用持续改善力来飞速提升工厂的效率,高效率能够带来意想不到的高效益
	3A顾问精益实践1:IE与效率提升 党新民　苏迎斌　蓝旭日　著	系统的阐述了IE技术的来龙去脉以及操作方法	使员工与企业持续获利
	3A顾问精益实践2:JIT与精益改善 肖志军　党新民　著	只在需要的时候,按需要的量,生产所需的产品	提升工厂效率
	手把手教你做专业的生产经理 黄　娜　著	物流、信息流、资金流,让生产经理管理有抓手	从菜鸟到能把控全局
员工素质提升	**TTT培训师精进三部曲(上):深度改善现场培训效果** 廖信琳　著	现场把控不用慌,这里有妙招一用就灵	课程现场无论遇到什么样的情况都能游刃有余
	TTT培训师精进三部曲(中):构建最有价值的课程内容 廖信琳　著	这样做课程内容,学员有收获 培训师也有收获	优质的课程内容是树立个人品牌的保证
	TTT培训师精进三部曲(下):职业功力沉淀与修为提升 廖信琳　著	从内而外提升自己,职业的道路一帆风顺	走上职业TTT内训师的康庄大道
	培训师,如何让你的事业长青:自我管理的10项法则 廖信琳　著	建立了一套完整的培训师自我管理体系,为培训师的职业成长与发展提供有益的指引	培训师如何在自己的职业道路上越走越高,事业长青,一直有所收获与成长?本书将给你答案
	管理咨询师的第一本书:百万年薪 千万身价 熊亚柱　著	从问题出发,发现问题、分析问题、解决问题,让两眼一抹黑的新人快速成长	管理咨询师初入职场,让这本书开启百万年薪之路
	手把手教你做专业督导:专卖店、连锁店 熊亚柱　著	从督导的职能、作用,在工作中需要的专业技能、方法,都提供了详细的解读和训练办法,同时附有大量的表单工具	无论是店铺需要统一培训,还是个人想成为优秀的督导,有这一本就够了

续表

员工素质提升	**跟老板"偷师"学创业** 吴江萍　余晓雷　著	边学边干，边观察边成长，你也可以当老板	不同于其他类型的创业书，让你在工作中积累创业经验，一举成功
	销售轨迹：一位快消品营销总监的拼搏之路 秦国伟　著	本书讲述了一个普通销售员打拼成为跨国企业营销总监的真实奋斗历程	激励人心，给广大销售员以力量和鼓舞
	在组织中绽放自我：从专业化到职业化 朱仁健　王祥伍　著	个人如何融入组织，组织如何助力个人成长	帮助企业员工快速认同并投入到组织中去，为企业发展贡献力量
	企业员工弟子规：用心做小事，成就大事业 贾同领　著	从传统文化《弟子规》中学习企业中为人处事的办法，从自身做起	点滴小事，修养自身，从自身的改善得到事业的提升
	手把手教你做顶尖企业内训师：TTT培训师宝典 熊亚柱　著	从课程研发到现场把控、个人提升都有涉及，易读易懂，内容丰富全面	想要做企业内训师的员工有福了，本书教你如何抓住关键，从入门到精通

营销类：把客户需求融入企业各环节，提供"客户认为"有价值的东西

	书名．作者	内容/特色	读者价值
营销模式	**精品营销战略** 杜建君　著	以精品理念为核心的精益战略和营销策略	用精品思维赢得高端市场
	变局下的营销模式升级 程绍珊　叶　宁　著	客户驱动模式、技术驱动模式、资源驱动模式	很多行业的营销模式被颠覆，调整的思路有了！
	卖轮子 科克斯【美】	小说版的营销学！营销理念巧妙贯穿其中，贵在既有趣，又有深度	经典、有趣！一个故事读懂营销精髓
	动销操盘：节奏掌控与社群时代新战法 朱志明　著	在社群时代把握好产品生产销售的节奏，解析动销的症结，寻找动销的规律与方法	都是易读易懂的干货！对动销方法的全面解析和操盘
	弱势品牌如何做营销 李政权　著	中小企业虽有品牌但没名气，营销照样能做的有声有色	没有丰富的实操经验，写不出这么具体、详实的案例和步骤，很有启发
	老板如何管营销 史贤龙　著	高段位营销16招，好学好用	老板能看，营销人也能看
	洞察人性的营销战术：沈坤教你28式 沈　坤　著	28个匪夷所思的营销怪招令人拍案叫绝，涉及商业竞争的方方面面，大部分战术可以直接应用到企业营销中	各种谋略得益于作者的横向思维方式，将其操作过的案例结合其中，提供的战术对读者有参考价值
	动销：产品是如何畅销起来的 吴江萍　余晓雷　著	真真切切告诉你，产品究竟怎么才能卖出去	击中痛点，提供方法，你值得拥有
	1000铁杆女粉丝 张兵武　著	连接是女性与生俱来的特质。能善用连接的营销人员，就像拿到打开女性荷包的钥匙	重新认识女性的传播力量
	360°谈营销：一位营销咨询师20年实战洞察 王清华　古怀亮　著	各个角度，全方位，多视点剥营销	思路单一，此书帮你破

续表

销售	**资深大客户经理:策略准,执行狠** 叶敦明　著	从业务开发、发起攻势、关系培育、职业成长四个方面,详述了大客户营销的精髓	满满的全是干货
	成为资深的销售经理:B2B、工业品 陆和平　著	围绕"销售管理的六个关键控制点"一一展开,提供销售管理的专业、高效方法	方法和技术接地气,拿来就用,从销售员成长为经理不再犯难
	销售是门专业活:B2B、工业品 陆和平　著	销售流程就应该跟着客户的采购流程和关注点的变化向前推进,将一个完整的销售过程分成十个阶段,提供具体方法	销售不是请客吃饭拉关系,是个专业的活计!方法在手,走遍天下不愁
	向高层销售:与决策者有效打交道 贺兵一　著	一套完整有效的销售策略	有工具,有方法,有案例,通俗易懂
	卖轮子 科克斯　【美】	小说版的营销学!营销理念巧妙贯穿其中,贵在既有趣,又有深度	经典、有趣!一个故事读懂营销精髓
	学话术　卖产品 张小虎　著	分析常见的顾客异议,将优秀的话术模块化	让普通导购员也能成为销售精英
组织和团队	**升级你的营销组织** 程绍珊　吴越舟　著	用"有机性"的营销组织替代"营销能人",营销团队变成"铁营盘"	营销队伍最难管,程老师不愧是营销第1操盘手,步骤方法都很成熟
	用数字解放营销人 黄润霖　著	通过量化帮助营销人员提高工作效率	作者很用心,很好的常备工具书
	成为优秀的快消品区域经理(升级版) 伯建新　著	用"怎么办"分析区域经理的工作关键点,增加30%全新内容,更贴近环境变化	可以作为区域经理的"速成催化器"
	成为资深的销售经理:B2B、工业品 陆和平　著	围绕"销售管理的六个关键控制点"一一展开,提供销售管理的专业、高效方法	方法和技术接地气,拿来就用,从销售员成长为经理不再犯难
	一位销售经理的工作心得 蒋　军　著	一线营销管理人员想提升业绩却无从下手时,可以看看这本书	一线的真实感悟
	快消品营销:一位销售经理的工作心得2 蒋　军　著	快消品、食品饮料营销的经验之谈,重点突出	来源于实战的精华总结
	销售轨迹:一位快消品营销总监的拼搏之路 秦国伟　著	本书讲述了一个普通销售员打拼成为跨国企业营销总监的真实奋斗历程	激励人心,给广大销售员以力量和鼓舞
	用营销计划锁定胜局:用数字解放营销人2 黄润霖　著	全方位教你怎么做好营销计划,好学好用真简单	照搬套用就行,做营销计划再也不头痛
	快消品营销人的第一本书:从入门到精通 刘　雷　伯建新　著	快消行业必读书,从入门到专业	深入细致,易学易懂

续表

产品	**产品研发管理实战** 任彭枞　编著	产品研发管理体系全指导	既有工具,又能开拓思路
	新产品开发管理,就用 IPD 郭富才　著	10 年 IPD 研发管理咨询总结,国内首部 IPD 专业著作	一本书掌握 IPD 管理精髓
	资深项目经理这样做新产品开发管理 秦海林　著	以 IPD 为思想,系统讲解新产品开管理的细节	提供管理思路和实用工具
	产品炼金术Ⅰ:如何打造畅销产品 史贤龙　著	满足不同阶段、不同体量、不同行业企业对产品的完整需求	必须具备的思维和方法,避免在产品问题上走弯路
	产品炼金术Ⅱ:如何用产品驱动企业成长 史贤龙　著	做好产品、关注产品的品质,就是企业成功的第一步	必须具备的思维和方法,避免在产品问题上走弯路
品牌	**中小企业如何建品牌** 梁小平　著	中小企业建品牌的入门读本,通俗、易懂	对建品牌有了一个整体框架
	采纳方法:破解本土营销 8 大难题 朱玉童　编著	全面、系统、案例丰富、图文并茂	希望在品牌营销方面有所突破的人,应该看看
	中国品牌营销十三战法 朱玉童　编著	采纳 20 年来的品牌策划方法,同时配有大量的案例	众包方式写作,丰富案例给人启发,极具价值
	今后这样做品牌:移动互联时代的品牌营销策略 蒋　军　著	与移动互联紧密结合,告诉你老方法还能不能用,新方法怎么用	今后这样做品牌就对了
	中小企业如何打造区域强势品牌 吴　之　著	帮助区域的中小企业打造自身品牌,如何在强壮自身的基础上往外拓展	梳理误区,系统思考品牌问题,切实符合中小区域品牌的自身特点进行阐述
渠道通路	**快消品营销与渠道管理** 谭长春　著	将快消品标杆企业渠道管理的经验和方法分享出来	可口可乐、华润的一些具体的渠道管理经验,实战
	传统行业如何用网络拿订单 张　进　著	给老板看的第一本网络营销书	适合不懂网络技术的经营决策者看
	采纳方法:化解渠道冲突 朱玉童　编著	系统剖析渠道冲突,21 个渠道冲突案例、情景式讲解,37 篇讲义	系统、全面
	学话术　卖产品 张小虎　著	分析常见的顾客异议,将优秀的话术模块化	让普通导购员也能成为销售精英
	向高层销售:与决策者有效打交道 贺兵一　著	一套完整有效的销售策略	有工具,有方法,有案例,通俗易懂
	通路精耕操作全解:快消品 20 年实战精华 周　俊　陈小龙　著	通路精耕的详细全解,每一步的具体操作方法和表单全部无保留提供	康师傅二十年的经验和精华,实践证明的最有效方法,教你如何主宰通路

续表

管理者读的文史哲·生活			
书名．作者		内容/特色	读者价值
思想·文化	**德鲁克管理思想解读** 罗　珉　著	用独特视角和研究方法，对德鲁克的管理理论进行了深度解读与剖析	不仅是摘引和粗浅分析，还是作者多年深入研究的成果，非常可贵
	德鲁克与他的论敌们：马斯洛、戴明、彼得斯 罗　珉　著	几位大师之间的论战和思想碰撞令人受益匪浅	对大师们的观点和著作进行了大量的理论加工，去伪存真、去粗存精，同时有自己独特的体系深度
	德鲁克管理学 张远凤　著	本书以德鲁克管理思想的发展为线索，从一个侧面展示了20世纪管理学的发展历程	通俗易懂，脉络清晰
	王阳明“万物一体”论：从“身－体”的立场看（修订版） 陈立胜　著	以身体哲学分析王阳明思想中的“仁”与“乐”	进一步了解传统文化，了解王阳明的思想
	自我与世界：以问题为中心的现象学运动研究 陈立胜　著	以问题为中心，对现象学运动中的“意向性”“自我”“他人”“身体”及“世界”各核心议题之思想史背景与内在发展理路进行深入细致的分析	深入了解现象学中的几个主要问题
	作为身体哲学的中国古代哲学 张再林　著	上篇为中国古代身体哲学理论体系奠基性部分，下篇对由“上篇”所开出的中国身体哲学理论体系的进一步的阐发和拓展	了解什么是真正原生态意义上的中国哲学，把中国传统哲学与西方传统哲学加以严格区别
	中西哲学的歧异与会通 张再林　著	本书以一种现代解释学的方法，对中国传统哲学内在本质尝试一种全新的和全方位的解读	发掘出掩埋在古老传统形式下的现代特质和活的生命，在此基础上揭示中西哲学“你中有我，我中有你”之旨
	治论：中国古代管理思想 张再林　著	本书主要从儒、法墨三家阐述中国古代管理思想	看人本主义的管理理论如何不留斧痕地克服似乎无法调解的存在于人类社会行为与社会组织中的种种两难和对立
	车过麻城 再晤李贽 张再林　著	系统全面而又简明扼要地展示了李贽独到的学术眼力和超拔的理论建树	帮助读者重新认识李贽的思想
	中国古代政治制度（修订版）上：皇帝制度与中央政府 刘文瑞　著	全面论证了古代皇帝制度的形成和演变的历程	有助于读者从政治制度角度了解中国国情的历史渊源
	中国古代政治制度（修订版）下：地方体制与官僚制度 刘文瑞　著	全面论证了古代地方政府的发展演变过程	有助于读者从政治制度角度了解中国国情的历史渊源

续表

思想·文化	**中国思想文化十八讲(修订版)** 张茂泽　著	中国古代的宗教思想文化,如对祖先崇拜、儒家天命观、中国古代关于“神”的讨论等	宗教文化和人生信仰或信念紧密相联,在文化转型时期学习和研究中国宗教文化就有特别的现实意义
	史幼波《大学》讲记 史幼波　著	用儒释道的观点阐释大学的深刻思想	一本书读懂传统文化经典
	史幼波《周子通书》《太极图说》讲记 史幼波　著	把形而上的宇宙、天地,与形而下的社会、人生、经济、文化等融合在一起	将儒家的一整套学修系统融合起来
	史幼波《中庸》讲记(上下册) 史幼波　著	全面、深入浅出地揭示儒家中庸文化的真谛	儒释道三家思想融会贯通
	梁涛讲《孟子》之万章篇 梁　涛　著	《万章》主要记录孟子与万章的对话,涉及孝道、亲情、友情、出仕为官等	作者的解读能帮助读者更好地理解孟子及儒学
	两晋南北朝十二讲(修订版) 李文才　著	作为一本普及性读物,作者尊重史实,运用“历史心理学”的叙事方法,分12个专题对两晋南北朝的历史进行阐述	让读者轻松了解两晋南北朝的历史
	每个中国人身上的春秋基因 史贤龙　著	春秋368年(公元前770－公元前403年),每一个中国人都可以在这段时期的历史中找到自己的祖先,看到真实发生的事件,同时也看到自己	长情商、识人心
	与《老子》一起思考:德篇 史贤龙　著	打通文史,回归哲慧,纵贯古今,放眼中外,妙语迭出,在当今的老子读本中别具一格	深读有深读的回味,浅尝有浅尝的机敏,可给读者不同的启发
	说服天下:《鬼谷子》的中国沟通术 翟玉忠　著	由内圣而外王,从心力的培育到具体的说服理论,再到生动的说服案例	从商业到军事再到日常生活,沟通说服已经变得越来越重要
	郑子太极拳理拳法 杨竣雄　著	走进郑子太极拳完整训练体系的大门,随着书中另一主角——师父的课程安排与每日功课的练习	当您学完这套书后,在掌握拳架的同时具备诸多正确的太极理念与系统知识
	内功太极拳训练教程 王铁仁　编著	杨式(内功)太极拳(俗称老六路)的详细介绍及具体修炼方法,身心的一次升华	书中含有大量图解并有相关视频供读者同步学习
	中医治心脏病 马宝琳　著	引用众多真实案例,客观真实地讲述了中西医对于心脏病的认识及治疗方法	看完这本书,能为您节约10万元医药费